Deepen Your Mind

Deepen Your Mind

前言

「金融商品的價格究竟是隨機跳動，或是有確定的方向？」這個問題困擾著大部份的投資人。

事實上兩者都對，也都不對。而且這不是投資成功與否的關鍵。

對長期投資而言，方向是確定的，那就是往上。回顧世界各國的金融歷史，幾乎找不到一個長期是往下掉的案例。

道瓊工業指數首次在 1896 年 5 月 26 日公布，當時指數是 40.94 點。到了 1972 年 11 月 14 日，指數首次超過 1,000 點。1995 年 11 月 21 日，它超過 5,000 點。1999 年 3 月 29 日，道瓊工業指數收盤達到了 10,006.78 點，首次超過了 10,000 點大關。2017 年 1 月 25 日，道瓊工業指數突破 20,000 點，當日收市報 20,068.51 點。去年 (2020) 的 11 月 24 日它突破了 30,000 點，收在 30,046.24 點。

英國富時指數（FTSE）又稱倫敦金融時報指數，在 1984 年開始編製，以 1983 年底的股價計算為 1000 點，往回推到 1969 年是 313 點，到 2020 年底時是 6460.32 點。

台灣發行量加權股價指數係以 1966 年為基期，基期指數設為 100。1986 年 10 月 17 日，首次站上 1000 點關卡。不到三年，

1989 年 6 月 19 日站上 10000 點關卡。到 2021 年 1 月 21 日的收盤價來到歷史最高的 16238.46 點。

較為特殊的案例是日本的日經 225 指數，是由日本經濟新聞社推出的東京證券交易所的 225 種的股價指數，1971 年第一次發表，當時指數約為 2,000 點，最遠可回推至 1914 年，僅有 21.12 點而已，但是它在 1989 年 12 月 29 日一度升至最高點 38957.44 點之後，長達 30 年的時間都回不去歷史高點，其間的最低點是 2011 年 11 月 25 日的 8,455.35 點，目前已回升至 27,575.57 點。

這是不是代表只要長期投資，就一定會獲利呢？並不一定。還有一個關鍵就是所謂的槓桿倍數。槓桿倍數即是「投資金額」除以「自有資金」。

$$\text{槓桿倍數} = \frac{\text{投資金額}}{\text{自有資金}}$$

比如說在股市當中買股，可以用融資的方式，目前大部份股票的融資要求保證金是 4 成，也就是說買 100 萬的股票，只需要 40 萬的保證金，剩下的 60 萬其實是券商借給你的，所以融資買股票的槓桿倍數就是：

$$\frac{100\text{ 萬}}{40\text{ 萬}} = 2.5\text{ 倍}$$

這個 2.5 倍是什麼意思呢？它代表該股如果漲跌 1%，你的損益會變為 2.5%，那麼如果像日經指數由高點滑落到底部將虧損 78.30%，使用融資操作會有何種結果就可想而知了。

對股票而言，長期的方向是確定往上，但是對衍生性金融商品而言卻非如此。

衍生性金融商品的價值依附在發行契約所綁定的標的商品，例如權證就依附在標的個股，期貨與選擇權則依附在加權指數。長期而言，期貨與加權指數的價差將歸零，選擇權和權證則是時間價值將歸零，最後只有內含價值。本書雖對此稍有著墨，但欲深入了解仍需詳見專業書籍。筆者另一著作「**高手叫我不要教的—H 模型**」亦有深入淺出的說明。

至於隨機性則會出現微小的時空尺度上。

例如台灣加權指數雖然一路從 1966 年的 100 點漲到如今的 16,000 點之上，但其間的上上下下完全難以預測，而且就算指數上漲，也並非所有的成份股都會上揚，甚至有不少公司因為經營不善或是掏空醜聞而面臨破產下市的命運。書中小趙經 H 教授指點開發出的權證套利模型，就是利用市場短暫地失衡，去掌握異常的利潤空間。

成功的投資策略必有其背後的合理因素，而且通常都是因為不可逆的結構因素。例如長期而言，公司會因為人的努力而成長茁壯，短期市場的瘋狂造成價格偏離終會回歸平穩，權證商品囿於契約規定，不應該出現時間價值為負數的狀況。

但是不管再怎麼肯定的理由，再怎麼能夠成功的策略，量力而為都是關鍵，絕對不可因為太過自信而將賭注押滿。

最後的贏家

人從生下來那一刻開始就在冒險，即使不在金融市場上投資，也隨時面臨各式各樣的抉擇：升學、就業、擇偶、定居…，連過個紅綠燈都有踩油門跟煞車兩種選擇了，因此根本沒有什麼事是「萬無一失」的，明白此點以後，最重要的就是隨時把風險放在心上。

把風險放在心上的意思就是：千萬不要玩大，最後能夠活下來的就是贏家，時間才是你最好的朋友。

目錄

黃副總還是一樣陽光燦爛

黃副總還是一樣陽光燦爛，十幾年前一起在證券公司奮戰廝殺的兄弟，要不就是童山濯濯，要不就是大腹便便。有人升了上去，是高層中的高高層，有些人入了公門，在金管會、交易所中長袖善舞，甚至是銀行裡的大主管，也有人早早退了下來，回老家頤養天年。只有黃副總，還是活力四射，早上看完盤以後，就約見科技界的老朋友。說老朋友是含蓄的說法，那可都是上市櫃公司的董事長或總經理、財務長或發言人，報出名來無不是響叮噹的角色。

誰也不知道黃副總的身家到底有多少。他極愛車，雖然出門都是開著一台老賓士，但車友無不欣羨能入他車庫的老賓士，因為它每天都與一群「會動的房子」為伍。

可就是有一點奇怪，黃副總從來沒有女伴，雖然談吐間總是言笑晏晏，不論男女都被逗得開心極了，可是他總是一個人來，一個人去。有次被問起這件事，他只是神秘地眨了眨眼，吐出一句：「女人禍水」，就不再多說了。可是這樣多金陽光的單身漢，自然是不乏美女青睞，大來建設的女強人董事長就對他極為關注，常常打探他的行程，不是在高爾夫球場偶遇，就是巧合地一同出席選舉餐會，公司有推案時，總是不忘親自打電話邀請黃副總參觀，可是黃副總有時去，有時不去，女強人也莫奈他何。

原本黃副總並不在證券業，大學畢業以後，他在靠近台北信義區的保時捷銷售中心當業務員。那個群英薈萃的地方，常常有各行各業的高層來賞車，無不為他的熱情與專業知識所折服。講起 Porsche 911，他就能從 1963 在法蘭克福發表的 Porsche 901 開始說起，提到 Boxster，他極為興奮地示範新型敞篷運動學系統，使電動敞篷只需 12 秒就能完成開啟和關閉，他對 Carrera GT 的 450 kW/612 PS 馬力輸出及最高速超過 330 km/h，更是眼中閃著光芒地數著在台灣僅有的十數台車，一一都是落在誰家。

人脈漸廣之後，他已經不需要在第一線賣車了，熟識的企業大老，自然口耳相傳互相介紹，有需要的人就會自己找他。他曾經在公司刊物裡寫過一篇文章，仔細分析這些企業老闆開著什麼車是代表他們的個性。自恃身份的人還是會坐賓士，讓司機替他開車；急功近利的人，習慣在高速公路搶快走路肩，絲毫不把罰單看在眼裡；喜歡換新上市車種的，往往是從行銷出身的人；工程研發背景的高端人才，則偏好設計精巧的日本車。

但黃副總也漸漸發現，這些人格特質也會反映在他們經營公司的方針上。做行銷的人愛誇海口，投資大會上說得口沫橫飛，最後能實現的卻很少。工程出身的人可能做出很不一樣的產品，可是卻完全不符合市場的胃口。至於那些搞財務的，就很擅長美化會計報表。而且他發現，人格特質會跟著這些老闆一輩子，以前他們怎麼做的，不管成功或失敗，只要相同的時空背景再來一次，肯定會再用同樣的方法，走上原本的老路子。

忽然他領悟了：投資要看的是老闆，不是公司。不管是什麼公司，只要老闆對了，都會成功，老闆不對，肯定會碰上相同的困境。於是他用工作三年的積蓄，開始了自己的投資人生。

那時李登輝通過中華民國首次全民直選，再次連任總統。挾著強大的民意支持，他更用力地推行從 1993 年開始的南向政策。政府做事向來是外行領導內行，初期風風火火地推行，可以引來產業界的一片跟風，但接著就開始良莠不齊，連本來不是這個行業的，不適合跟隨政策走向的，也會因為搶食政府補助跳進來，不但自己因為不具專業或定位不合而失敗，同時讓那些本來可以蓬勃發展的先進企業，也因為競爭過度而遭殃。

黃副總心理想著：現在政府全力推動南向政策已經三年了，該去的早就去了，但雷聲大，雨點小，根本沒見到什麼成果，說穿了，那裡的基礎建設不佳，要水沒水，要電沒電，公路、機場、港口，啥都沒有，有的就是地，一大片的地，上頭不是沼澤就是樹林，當地政府開發了一個又一個的工業區，砍樹造路，但就算有了這些，工人的素質還是跟不上來，這些東南亞國家的人天生樂觀，無論怎麼威逼利誘，他就是跟你笑嘻嘻的，剛交待完事情，一轉頭他們又聚起來談天說地，發現你看著他，就慢條斯理的拿起工具，走到崗位上，又走回工具間，再拿一個工具，這時你要是走開了，他們就繼續用你不通的語言嘰哩呱啦的不知道說些什麼。

那個球鞋廠的王經理就常常這麼跟他說：「鄧小平改革開放以後，公司就派我到寧波去建廠，我們公司啊，每年光出給耐吉的鞋子就有幾千萬雙，耐吉的鞋子一雙可是都要賣到三千塊以上，還不都是拜那個空中飛人喬丹所賜，頂級的 Air Jorden 上萬元都有人搶著要，我們廠區裡養著幾萬個女工，都是從內地來的，吃住都在宿舍裡，叫她做什麼就做什麼，從不遲到，更不缺工，生理期來的時候，連止痛藥都不吃，一樣硬撐著，十幾歲做到廿來歲嫁人了才走，回家鄉可風光著呢，存了幾萬塊人民幣帶回去，儼然就是個小富婆了…

結果公司信了政府南向政策，貪那個低利貸款，印尼政府也配合的很，要地有地，要路有路，拉水拉電全都有，可是那要時間啊，你看我都忙了大半年了，這地基才剛打下去而已。這些工人講話又不通，説什麼都得靠翻譯，也不知道翻得對不對，每件事講了 100 分，做出來就只有 60 分，我非得在旁邊看著才可以，根本不敢休假回台灣，上次跟你買的那車呀，一回來就到保養期了，兩年了哩程都還沒破萬呢！」

反倒是在新竹的大學同學蔡貴中，上次到台北開會時約了黃副總喝酒，雖然平常忙得沒時間見個面，可卻是神采飛揚。那個時候台積電剛掛牌沒幾年，市值還不到 300 億，蔡貴中在的這家公司是個 IC 設計公司，才剛剛在籌備要成立。黃副總是交大電子畢業的，雖然懂得他在做什麼，卻不太清楚產品要賣到哪裡去，可是蔡貴中洋洋得意地説著：「從微軟推出了 Windows 作業系統以後，每年 PC 的出貨量幾乎都是翻倍成長，現在沒人要用磁碟片了，都是用光碟，每個電腦都要有光碟機，台灣好多公司在做光碟機，殺價搶單爭破了頭，可是光碟機裡的晶片是有專利的，這些晶片的專利都掌握在 Philips、NEC、Toshiba、Panasonic…這些大廠的手上，他們什麼都不做，光靠賣專利就逼得台廠向他們低頭。現在我們公司已經自己研發成功申請到專利了，跟台灣的光碟機廠好談得很，大家都在新竹工業區，都是同一個學校畢業的，根本就是砲口一致，完全沒有供應商跟客戶之間的對立關係，他們長期一直看那些外國廠商的臉色，現在很快就要翻身了…」

黃副總知道，接下來那些銀行一直巴結的鞋廠、紡織廠、食品廠，大概要有一段苦日子，那幾個大老闆花錢花習慣了，買東西從不問價錢，投資也不管多久才能回收，反正有政府跟銀行撐腰，到時候說不定連銀行都會被拖下水，他跟蔡貴中說好了，讓他的二百萬全投進去，蔡貴中滿口答應，公司做研發挺燒錢的，雖然一堆光碟機廠商捧著錢要買產品，但是代工廠聯電跟台積電的訂單也滿滿的，排隊的 IC 設計公司不在少數，公司確實需要有資金才行，銀行都被政府逼著把錢借給大公司，像他們這種剛成立的小公司，銀行是看不上眼的。

黃副總的老家原來在隔開台北市區跟木柵的福州山腳下，爸爸媽媽靠種菜賣菜養活了他們三兄弟。他後來投在蔡貴中公司的 200 萬，過不到幾年光是配股就多翻了好幾倍，原來只有 40 張的股票變成 200 張，2001 年公司上市了，股價直接上到 300 元，瞬間就有了 6,000 萬的資產。黃副總在離老家不遠的安和路上買了兩間比鄰的雙併房子，一邊給辛苦一生的爸爸媽媽住著，另一邊做為自己的起居室。偌大的房子只隔出了一個房間，剩下的全都是客廳。靠窗的地方是一個投籃機，他熱愛運動，如果遇上陰雨綿綿的季節，他就自己投籃投個不停。再往內是一套視聽組合，落地的 MBL 音響要價不斐。可是他對音樂卻不怎麼挑，百萬音響常常拿來播放江蕙跟洪榮宏的音樂 CD，就像他對飲食也不講究一般，家中根本就不算是有廚房，像他講的：「在台北要吃什麼沒有？幹嘛要在家煮，再說了，我根本不會煮。」

不再當汽車銷售員之後，有段時間他沒有工作，平常就見見老朋友，週末到台大去打球，日子過得很輕鬆自在。他在球場上很是熱情，常常請球友吃吃喝喝，這些學生平常沒什麼消費能力，雖然不好意思，卻也樂得交個有錢朋友。

「兄弟，你想不想來我們公司上班呀，你才三十多歲，不上班也怪怪的，來我們公司待著，我給你個副總的職位，如何？」說這話的是黃副總早先認識的吳董事長，這兩年在台大唸 EMBA，有一次聽完演講，卻見到黃副總在籃球場上奔馳，身手完全不輸年輕小夥子，之後來上課就習慣在場邊駐留，和黃副總打聲招呼。

吳董是邦泰證券的董事長，雖然是綜合券商，但實際上只有一個分點，就在台北信義區的松仁路上，那裡是國際金融中心，渣打、匯豐、花旗、美林、所羅門美邦…都把總公司設在信義區，當時台北 101 正在打地基，日後台灣證券交易所也將進駐。雖然只有四十多歲，但吳董跟對了老闆，邦泰人壽是國內數一數二的大公司，老闆投資房地產的眼光精準，民國五 0 年代到六 0 年代台北的市中心仍環繞著忠孝西路的台北火車站，邦泰人壽就一路延著松江路、新生南路、復興南北路、敦化南北路，一直往東購置土地，信義區還沒規劃成重劃區的時候，就已經標下了不少土地，隨著市中心東移，又接著成立大來建設進行土地開發，所推出的建案都是以社區型態熱銷，吳董本來是邦泰人壽的精算師，負責規劃保險商品，憑著財務工程的專業一路高升，當籌組邦泰證券的時候，老闆直接就叫他負責，順勢就成了邦泰證券的董事長。

雖然吳董正在台大讀商研所 EMBA，但是這些企業家們其實都是來交朋友的，連邦泰人壽老闆的二公子蔡靖宇，邦泰人壽未來的接班人，也在同一個班裡。吳董並不會打球，他的體力早就跟不上年輕人了，但是看黃副總也不是年輕人了，卻還能在球場上活蹦亂跳，心裡很是羨慕。他早就聽聞黃副總是保時捷的頂尖業務，邦泰證券剛剛成立，就缺好的業務主管，尤其是黃副總熟識許多企業家，對未來的承銷業務也有很大的助益。

吳董這時候還不知道的是，黃副總除了人脈之外，投資的眼光也很獨到，雖然這輩子就只入手過一檔股票，但非僅報酬率驚人，更重要的是他敢重押單一個股，這份膽識可不多見。吳董以為黃副總是靠著賣車的業績獎金買了房子，卻不知道他九成以上的財產都是憑藉著一次成功的投資賺來的。

吳董這時的一句話正說到了黃副總的心坎裡。他爸爸雖然搬到了安和路的豪宅，卻依然每天早上回山下的老家去種菜、翻土、澆水，然後把採收下來的空心菜、青江菜、萵仔菜…載滿一車到市場去賣。他知道兒子有錢，不愁吃穿，可是看他整天待在家裡，怎麼看就怎麼怪，雖然不敢叨唸出來，但黃副總一看他的眼神就知道，自己賦閒在家很礙著老人家的眼。

所以吳董一提，黃副總一答應，就成了今日大家口中的黃副總了。

黃副總果然是黃副總，一到公司就帶進了好幾個大客戶，老同學蔡貴中是第一個捧場的，威盛電子的發言人是他的車友，有九命怪貓之稱的洋電財務長也來了，甚至法人客戶也有，像僑威銀行就跟邦泰證券簽了合作備忘錄，做 DRAM 的威德電子上市時，也請邦泰證券做協辦承銷商。

不過這個時候正是網路泡沫破裂之時，市場的成交量萎縮，威德電子上市之後，很快跌破承銷價，邦泰證券自己攬下不少張數，帳面上有大幅的虧損，幾個老朋友雖然開了戶，卻很少真正進場，大家都等著 PC 市場不知道何時才能復甦。幸好當時台灣還沒有什麼真正的網路公司，美國的思科（Cisco）、昇陽（Sun）、雅虎（Yahoo），後來都一蹶不振，美國線上（AOL）被時代華納收購了，世界通訊（WorldCom）甚至因為做假帳醜聞而下市了。

黃副總自己倒是不擔心，他知道半導體界的摩爾定律仍作用著。摩爾定律是由英特爾（Intel）創始人之一—戈登．摩爾提出的。它是說 IC 上可容納的電晶體密度，約每隔兩年便會增加一倍，甚至於效能只要 18 個月就可以提高一倍。這個從生產面的進步會創造出自己的需求，例如個人電腦、網際網路、消費性電子商品如遊戲機、液晶電視，甚至於後來的智慧型手機，這些技術的改善和創新，都離不開摩爾定律的延續。

也就是說，波動只是一時的，上漲才是永恆的。

車友鄭勇健就是看不透這一點，他是威盛電子的發言人，那個時候威盛電子正和英特爾打著專利官司，說來也真不公平，威盛電子的晶片早就在市場上銷售兩、三年了，當景氣好的時候，英特爾自己的產能吃緊，滿足不了市場的需求，必須靠威盛電子的晶片才能搭售它自己高毛利的 CPU，現在景氣下來了，產能鬆了，它就告威盛電子侵權，想把它趕出市場，用自己的晶片來搭售 CPU，高毛利與低毛利兩頭都要自己賺。

鄭勇健看不到這場官司的盡頭，而且深知晶片市場的科技進展非常快速，等官司終了，自己公司的產品市場大概也沒有了，就在某一天，把自己手中的公司持股給賣掉了。沒想到白天才剛賣完，當晚老闆就從美國打電話回來，說已經跟英特爾取得和解了，叫他去發新聞稿。他心頭一震，知道這個新聞稿一發出去，自己公司的股價肯定要拉好幾根漲停，可是職責所在，又不能拖延，如果這時候再跑去買回公司的股票，說不定還會落個內線交易的罪名，無奈之下，也只好含淚發新聞稿了。

「黃副總，我被自己老闆給陰了，我根本不知道他跑去美國，最近他常常待在新店的新公司，好像在開發什麼新型的手機，這種下游市場的商品毛利很低，根本比不上我們的晶片市場，不知道為什麼他這麼熱衷。結果原來他跑去跟英特爾談和解，我完全被矇在鼓裡。你也曉得，我昨天才賣掉股票，今天只能眼睜睜地看它鎖住漲停，晚上大概不能去尬車了，我怕自己一閃神衝下了谷底。」

鄭勇健無處可訴苦，他自身是發言人，卻在公司的大利多前夕賣掉了股票，只有在券商工作的黃副總明白事情始末，不用多言就了解鄭勇健的難處。

「放心啦，怎麼上去就怎麼下來，起起落落本來就是常態。我看景氣復甦沒那麼快，還有機會接回來，倒是你說老闆在新店研發新型手機，那是怎麼回事兒？」

鄭勇健沒想到黃副總會有此一問，他自己所待的威盛電子是當時台灣 IC 設計業的龍頭，而 IC 設計業又是整個電子產業鏈的最上游，技術層次很高，向來就看不起下游的產業，認為那些公司都是靠做廣告、拉業務、殺價競爭，毛利率低，市場也做不大，小廠林立又難以整合，除非能做到像國外的品牌大廠一樣，行銷全球，可是當時「Made in Taiwan」還是一個貶義詞，就相當於「品質不保證」一樣，所以台廠很難建立起品牌。

「聽說就是要把手機功能跟電腦功能整合起來，那不就跟網路電話一樣嗎？現在的 PC 都有即時通訊的功能，只不過寫個點對點通訊的程式就可以搞定了。」

黃副總卻覺得其中必有玄機，如果只是這麼簡單，何需台灣首屈一指的 IC 設計公司老闆親自去主持，他想有機會要親自去看一看才行。

一個月後，鄭勇健口中的新公司宏達電子舉辦了上市前公開說明會，黃副總帶了公司的研究員涂壯竹一起去參加。涂壯竹是台大國企所的畢業生，生得品貌堂堂，高高的個兒，結實的身體，穿著剪裁合度的西裝，顯得分外英挺。涂壯竹頭腦靈活，具有豐富的現代化工商知識，不僅見識廣，同時數理邏輯的能力也很強，常常還能反駁業務出身的黃副總，黃副總很享受這種跟他腦力激盪的過程。涂壯竹有位賢慧的太太及兩個可愛的孩子，家庭美滿，事業充滿前途。

在公開說明會上，威盛電子的總經理，也是宏達電子的董事長王老板說：「現在有一個新的產品趨勢正如火如荼地發展開來，那就是智慧型手機。手機已經是大家必定要隨身攜帶的產品，很多人還會另外帶一台數位相機，不管是商務參展、休閒聚會、全家旅遊，都會帶著數位相機，有的時候還會再多帶一台筆記型電腦，可以隨時洽公、記錄與查詢資料。但智慧型手機可以把三者的功能整合起來，美國現在最流行的黑莓機市佔率雖然只有手機市場的 3%，成長率卻是高達每年 300%，好幾家公司都急著想要分食這塊市場，例如 Windows Mobile, Nokia Symbian…，我們目前是與實力最強的 Windows Mobile 合作…」。

參加完公開說明會回來以後，黃副總除了交待涂壯竹寫了一篇圖文並茂的研究報告，也撥電話給鄭勇健，叫他不要再追回威盛電子，改去買剛上市的宏達電子，他說：「你想想你們老闆以前怎麼炒熱你們公司的股票，他一定會故技重施，去炒熱這家新公司的股票，這就是為什麼他會一直待在那裡，而且他很可能用你們公司的資源，不管是錢或人力，去扶植這家公司，到時候此消彼漲，你們就會被丟在一旁了。千萬不要以為當老闆的會把員工放在心上，99% 都只會想到自己啦！」

涂壯竹也想跟著投資宏達電，但是他年輕，沒什麼錢，宏達電一掛牌的股價就連拉了七根漲停，最高到了 270 元，就算把積蓄全部投入，也買不了幾張。幾個月後宏達電股價拉回兩百元以下時，他去買了宏達電的權證。

權證是一種衍生性金融商品，相當於是選擇權的買權。所謂的選擇權就是有選擇「買或不買，賣或不賣」的權利，可以選擇「買或不買」的叫買權（Call），可以選擇「賣或不賣」的叫賣權（Put）。黃副總完全不懂這種新型的財務操作工具，於是找了涂壯竹來問：「可以選擇買或不買是什麼意思？那我如果買了權證，要怎麼選擇買或不買？」

涂壯竹可就得意了，口沫橫飛地說著：「買或不買，當然就是看有沒有利頭。比如說標的股是宏達電，履約價是 200 元，那如果在到期日前宏達電漲到了 200 元以上，我就可以選擇用 200 元買進宏達電，然後馬上就以高於 200 元賣出，不就是立刻獲利嗎？如果到期日的宏達電股價在 200 元以下，當然我就選擇不買，哪有用高價去買低價商品的道理？鹿鼎記裡有一段：陳近南交待韋小寶如果要找他，就到北京天橋去找一個徐老頭，問他『有沒有清惡毒、使盲眼復明的反清復明膏藥？』他會說『有是有，價錢太貴，要三兩黃金，三兩白銀。』你說：『五兩黃金，五兩白銀賣不賣？』他便知道你是誰了。韋小寶大感有趣，笑道：『人家貨價三兩，你卻還價五兩，天下哪有這樣的事？』

黃副總也笑了，繼續問道：「那券商也不是白痴，為什麼要用便宜的價格賣你貴的東西？」

涂壯竹繼續說道：「沒錯，這是寫在權證的發行契約裡的，券商一定要履約才行，但是它會願意接受這個不平等合約，當然要有代價，那就叫權利金。你要取得買權，就要支付權利金。所以並不是在履約日宏達電的價格高於 200 元就能獲利，中間的價差還要高過當初支付的權利金才行。比如說花了 10 元的權利金才買到權證，那到履約日宏達電的股價要高過 210 元，才算真正獲利。」

黃副總又問：「那如果不到呢？」

涂壯竹答：「那就看是不是有高過履約價 200 元，如果高過 200 元，還能拿回中間的價差，但是不到當初投入的本金，所以還是虧的。如果連履約價 200 元都過不去，這個權證就完全變成壁紙，權利金會歸零，那就血本無歸了。」

黃副總嚇了一跳：「血本無歸是什麼意思？股票就算下市，公司的廠房、設備、貨物都還有價值，至少能拿回一點點錢才對呀！」

涂壯竹很訝異黃副總居然完全不懂衍生性金融商品。他回答黃副總：「那是持有公司的股份，所以公司的剩餘價值要發還給股東。可是你買權證是跟券商買的，跟你訂合約的另一方是發行券商，他們不可能拿宏達電的資產來還給你。這就像簽賭職棒一樣，跟你對賭的是組頭，球隊就算打輸了，也不可能負責還你錢。」

黃副總還是感覺不對勁：「跟組頭對賭是違法的，但這是在市場上交易的商品耶，證交所會允許這種賭博性的商品在市場上販售嗎？」

涂壯竹說：「選擇權的主要功能不是用來對賭的，它本來是被設計做為避險的。比如說如果有人持有宏達電 100 張，但是他不想參與除權息，因為那樣要繳稅，所以他想在除權息基準日之前賣出，可是又擔心宏達電的股價上揚，就會少賺了資本利得，那麼他就可以一邊把手上的宏達電賣出，另一邊就去買進權證，這樣如果在空手的期間，宏達電股價上揚，權證也會跟著漲，就能避開他臨時賣出持股的風險了。」

黃副總追問：「可是你剛才不是說漲不到履約價就會歸零，就算超過履約價，價差不足權利金也會虧損嗎？」

涂壯竹說：「那是指到履約日才會這樣，但像上面的情況，只要過了除權息基準日就可以把權證賣掉，再把原本的宏達電買回來，只會損失一天的時間價值，跟可能發生的股價差額，不過這個差額是可以抵銷的，畢竟投資人本來就打算繼續持有宏達電，那宏達電本身的漲跌原來就是他要承受的。」

黃副總更是一頭霧水了：「什麼是時間價值？」還沒等涂壯竹回答，黃副總接著說：「算了，我搞不懂這些東西，先不要碰就是了。反正我已經買了 50 張現股，擺著就行了，王老板說得漂亮，等推出產品還不知要到什麼時候，看起來是會成功，但要有點耐心。」話鋒一轉，邀起了涂壯竹：「有一家新開的牛肉麵店，還得了什麼台北市美食大賽冠軍，就在你老婆以前上班的百貨公司裡面，我請你一起午餐吧。」

涂壯竹的老婆羅美妍原本是百貨公司的櫃姐，勻稱修長的身材，配上細細的鳳眼，很有一種古典美的氣息，但很難道出她真正迷人的地方。她不愛擦胭抹粉，有時最多在嘴唇上點著些似有似無的唇膏，公司的制服採旗袍式設計，天氣炎熱時，一個夏天她都渾身銀白，淨扮得不得了。不錯，羅美妍是有一身雪白的肌膚，細眺的身材，容長的臉蛋兒配著一副俏麗甜淨的眉眼子。她也不多言、不多語，緊要的場合插上幾句，又中聽、又熨貼。

嫁給了涂壯竹以後，羅美妍就不再上班了，生完兩個小孩以後，身材豐腴了些，但更顯得穠纖合度，可是這幾個月來涂壯竹每天忙到三更半夜才回家，她伺候小孩上床以後，自己坐在客廳的沙發呆望著大門，兩眼凹成了深坑，不用上眼影就有自然的煙燻妝了。

這天羅媽媽來家裡看女兒，拉著女兒的手失驚說道：「妳怎麼看起來瘦了，是不是沒睡好？家裡一切都還好嗎？」

羅美妍答話：「媽，你老人家是看到的，我老公和我結婚這麼久，別說撕破臉，連句重話都向來沒有過。他是個爭強好勝的人，一直都說：『男人的心五分倒有三分應該放在事業上。』好不容易盼著他才出了頭，我看他每天為公事在外面忙著，我心裏只有暗暗著急。事業不事業倒在其次，求祈他身體康寧，我們母子再苦些也是情願的。誰知道打今年起，涂壯竹竟好像變了一個人似的。經常熬夜到兩、三點才回家。我問一聲，他就摔碗砸筷，脾氣暴躁的不得了。前天連兩個孩子都挨了一頓打。有人傳話給我聽，說他在辦公室裡也是對屬下發脾氣，妳曉得她不是那樣的人，一定是有什麼事煩心。本來戒掉的菸又開始抽了，有時他一個人在陽台猛抽煙，頭筋疊暴起來，樣子真唬人。我又不敢去勸解他，只有乾著急。這幾天他更是著了魔一般，回來嚷著說公司裏人人都尋他晦氣。我勸他說犯不著和那些人計較，他連我也喝斥了一頓。他的行徑反常得很，看著不對，真不由得不教人擔心哪！」

「就是說呀！」羅媽媽點頭說道，「是不是流年不好？我明天到行天宮裡幫他燒柱香，請關聖帝君照看他一下。」

羅美妍很感謝媽媽，她是打從心底關心著自己一家人：「媽，全托你老人家的福了。」

「放心，」羅媽媽臨走時說道，「關老爺最是法力無邊，能夠替人排難解厄的。」

涂壯竹確實有事煩心，可是說不出口。他買了宏達電的權證已經快一年了，原本年初拉高到了 180 元，眼看就要突破履約價了，可是緊接著爆發了 SARS 疫情，台股又是一蹶不振，下個月權證就到期了，宏達電股價卻在 120~130 元之間徘徊，這個時候賣也拿不回多少錢了，再放下去卻會血本無歸，多年的積蓄眼看要付諸流水，叫他怎不心慌。

這天一個新進的同事走了過來問他：「前輩，聽說你有買宏達電的權證喔？」

一句話正刺到了涂壯竹的心頭上，他沒好氣地回：「怎樣？」

這個同事嚇了一跳，又硬著頭皮：「不是啦，我在寫一篇研究報告，是關於宏達電的。它們的新型手機一直推後發表時程，現在的營收還是以代工為主，我看第一季的營收只有 40 億，第二季有 89 億，現在是第三季，應該有 100 億以上，下一季是聖誕旺季，搞不好會到 200 億，這樣我可以推薦它的股票嗎？」

涂壯竹知道他說得沒錯，電子產業的淡旺季分明，下半年業績常常比上半年高出一倍以上，可是投資市場早就知道這個效應了，根本不會對業績的季增率有所反映，必須看年增率才行。今年的營收跟去年並沒有很大的差異，所以股價像一灘死水，不然也不會在 2 月的時候看到高點 180 元，現在卻只有不到 130 元。這個菜鳥以為這一季營收拉高，股價也會跟著漲，如果能這樣的話，他就不用愁眉苦臉了。

可是這個節骨眼上，誰能說兩句好聽的話，讓他憂煩的心稍稍得到慰藉，心裡也是舒坦的。他說：「對呀，營收一定會上來的，業績好，獲利自然好，股價當然要跟著漲，你就這麼寫：強力推薦買進。報告寫好了以後，給營業部和自營部都發一份，讓他們去買。」

可是不管關老爺是否庇護，還是營業部跟自營部都抬了轎，宏達電終於未能在履約日前拉高股價，涂壯竹的這筆投資全泡了水。幸好他還有工作，靠著一份薪水，終於是餓不死一家人的。

隔年（2004）宏達電的營收年增率高達 80%，再隔一年宏達電子推出了以 Windows Mobile 作業系統開發的 Universal 智慧型手機，從代工廠轉型為品牌大廠，營收的年增率更超過 100%，讓市場眼睛為之一亮，股價也一飛沖天，在 2006 年超過了千元大關。但 Windows Mobile 作業系統並沒有取得很大的成功，最主要是因為微軟收取的授權金太高，導致軟體開發商興趣缺缺，因為缺乏廣大的應用程式，所以成長的速度很慢，2007 年宏達電加入了安卓（Android）聯盟，2008 年推出 Dream 手機，是全球首款搭載安卓作業系統的智慧型手機，2009 年又乘勝追擊，推出 Hero 智慧型手機，成功奠定了在智慧型手機市場的領先地位，股價也第二度衝破千元。

黃副總持有的 50 張股票在 2006 年已經變成 100 張了，除了配股之外，配息的現金也有 200 多萬，千元的股價代表一張的市價為百萬元，100 個百萬就是 1 個億元以上的估值。邦泰證券也因為投資宏達電有了極高的獲利，公司上下士氣高昂，涂壯竹雖然投資權證失利被洗出了市場，倒也分得一筆不小的年終獎金。

突然的自我

❖ 上

SARS 疫情在 2002 年底自中國大陸廣東爆發，隔年二月下旬，第一位感染 SARS 的勤姓台商自大陸返國，進入台大醫院就醫，台大立刻以最高防護標準隔離診治。直到四月中旬，雖有零星的大陸入境病例出現，然而台灣一直維持「三零」——零死亡、零社區感染、零境外移出——的漂亮記錄，讓民眾陶醉在「台灣是幸運島」的美好錯覺中。

但是美好錯覺不堪試煉，四月初，住在台北的一位曹女士，在南下探望生病的婆婆後北返，疑似因和來自香港淘大社區的罹病者搭上同一班火車而遭到感染。曹女士發病後到台北市立和平醫院就醫，和平醫院雖有警覺而立刻將曹女轉送設備更好的教學醫院，然而這短短不到一小時的「致命接觸」，卻是讓和平就此淪陷的導火線。

到了四月十五日後，和平醫院幾乎每天都有醫護人員或病患發燒，在院方沒有及時祭出更嚴密的隔離措施下，終至感染蔓延，一發不可收拾。四月二十四日，和平醫院倉促封院；緊接著二十九日，離和平不遠的台北仁濟醫院也被迫關閉。在一片兵荒馬亂中，幸虧前台北市衛生局長葉金川自願隻身前進火線鎮守，才將局面穩定下來。

疫情爆發，連帶股市也受到衝擊，當時台股下跌前高點落在 5141 點，之後最低來到 4044 點，統計 SARS 期間，指數從高到低共跌掉約 20%，而實體經濟面受到的影響更為劇烈，根據資料顯示，當年度第一季的經濟成長率為 5.17%，第二季變成負 1.15%，包括觀光、零售、餐飲等產業都受到衝擊，全球經濟損失達 400 億美元。

那段時期，大家都躲在家裡不敢出門，羅美妍送小孩上學以後，也在家裡擔心地盯著電視。平常和姐妹們話家常的咖啡廳裡門可羅雀，有些都已經掛出了招租的公告，以前和涂壯竹約會時去過的「菊之鄉」日本料理，也結束了營業，那可是一家老字號的名店，在台大商圈已經屹立不搖廿年，要不是跟著涂壯竹上館子，她可是連進去都不敢進去，畢竟羅媽媽省吃儉用才能供她讀完高職，一畢業她就找了工作，平常精打細算，哪裡有閒錢吃館子呢！

羅美妍第一次見到涂壯竹是在上班的百貨公司裡，他吆喝了好幾個年輕人一起，飛揚拔扈地不可一世，那是在上個世紀末的事了，股市好得很呢，連帶她在門市的業績也跟著上揚，但是她是個小心翼翼的人，公司多發了一些獎金，她就存到銀行裡。涂壯竹見了她就好像著魔一樣，撇下同事不管，一徑直地在她的專櫃前來來回回，羅美妍還以為是客戶上門，她靜靜地遞上名片，就轉了回去，讓他自在地逛逛。沒想到這個涂壯竹回去就撥了電話過來，問她要不要一同晚餐，嚇了她好一大跳。

約會一段時間以後，涂壯竹認了真了，他心性極為高強，年紀輕、發跡早，不免有點自負。平常總是說，他必得要選中一個稱心如意的女孩兒，才肯結婚。當他帶羅美妍回家時，涂爸爸涂媽媽愛極了她內向賢淑的樣兒，一個勁兒替她拈菜，一忽兒替她斟茶，羅美妍只是抿著嘴兒，用完膳馬上幫忙收拾，看起來就很嫻熟家事的樣子，更是討兩老歡喜。

對羅美妍來說，男人就是她的天。羅爸爸在她小時候就病逝了，是媽媽一手帶大她的，母女倆相依為命，媽媽就一個心願：希望女兒嫁個好人家，夫妻倆百年好合，自己雖然命苦，卻希望女兒幸福到老。

這時羅美妍見涂壯竹終日煩心，面有憂色，想關心又不敢過問，她知道自己學歷不高，不懂得那些股票數字的，就算他在公司熬夜，也只能在他回家的時熱好飯菜，伺候得他服服貼貼的。

這天涂壯竹終於跟老婆說了：「美妍，妳跟著我這幾年，也不算吃了苦，但是我有一筆投資虧損了幾百萬，大部份的財產都泡湯了，現在這份工作是最後一根救命的稻草，我得小心呵護著，不能讓它斷了。」羅美妍走進她房裏，歪倒在床上，臉埋在被窩裏，抽抽搭搭的哭泣著。她從小就是苦過來的，哪裡怕吃苦呢，可是賺錢不容易，幾百萬一下泡湯了，就好像天塌了一般，她新燙的頭髮揉亂了，髮尾子枝枒般生硬的張著。回過神來，她整理了一下頭髮，到客廳看到涂壯竹又在陽台上抽煙。自從她有了小孩以後，涂壯竹就把煙戒了，這時仍不願在屋裡抽，也不知道他在外面是不是抽得兇。

她說：「我這裡有以前工作存下來的，這幾年家用裡省的，大概不夠百萬之數，你看看能用得上嗎？」

涂壯竹笑了笑：「那還是當做不時之需吧。我自己學財務工程的，卻漏算了權證的時間價值會消逝，才會有今天的惡果。」

羅美妍想移轉涂壯竹的憂思，就接著問：「什麼是時間價值？」

涂壯竹說：「時間價值就是機會的價值，有時間才有機會。好比人家常說『花無百日開，人無千日好』，也有說『少小不努力，老大徒傷悲』，就是這個意思。我在一年前買了宏達電的權證，那時它的股價在 120 元，權證的履約價是 200 元，到期日一年，也就是說如果一年後它的股價到了 200 元以上，我就可以用 200 元買進，賺進它的價差，但是這一年股市經歷了 SARS 風暴，宏達電又一直不能從代工模式轉型為品牌銷售，股價停留在 150 元以下，離履約價還遠著，這個權證的時間價值就一直消逝，也就是說上漲的機會愈來愈小，最後就有去無回了。」

羅美妍很訝異：「可是你買的時候股價是 120 元，現在股價 150 元，不應該是賺的嗎？」

涂壯竹答：「如果買進的是股票確實是這樣，但權證是衍生性金融商品，全看有沒有履約價值來決定賺賠。」

說著他進了房內打開了電腦，叫出 Excel 程式，開了一個活頁簿敲打了起來。羅美妍是商科畢業的，雖然不懂高深的數學，但是還看得懂 Excel 工作表。

只見涂壯竹在 A1 儲存格敲上了「履約價」三個字，在 A2 儲存格又打上 200，接著在 B1 儲存格敲上「結算價」，然後分別在 B2 和 B3 輸入 120 與 130 兩個數字，把滑鼠移到 B3 儲存格的右下角，按住那個小黑點，往下一拉，就出現了 120 到 300，間隔為 10 的數字。

接著又到 C1 輸入「內含價」，在 C2 輸入了一個公式「=MAX(0,B2-A2)」，然後再一次按住 C2 儲存格右下角的小黑點往下拉到跟 B 欄對齊的位置，就出現了像下圖的計算結果。

他對羅美妍解釋道：「MAX 函式會傳回輸入參數中比較大的數值，用 B 欄的結算價格減去 A2 這個履約價，就是結算日的內含價值，因為權證是買權，可以選擇買或不買，所以當價值為負數時，自然就不履約，因此最小的情況是 0，我讓 MAX 函式傳回內含價值與 0 相比較大的數，那麼負數比 0 小，傳回的就是 0。這就是到結算日時，宏達電的結算價對權證價格的影響。因為已經是到期日了，股價沒有任何再往上漲的機會，所以時間價值為 0，權證的價格就是內含價值了。我當初買的時候權證價格是 10 元，宏達電股價是 120

C2

	A	B	C	D
1	履約價	結算價	內含價值	
2	200	120	0	
3		130	0	
4		140	0	
5		150	0	
6		160	0	
7		170	0	
8		180	0	
9		190	0	
10		200	0	
11		210	10	
12		220	20	
13		230	30	
14		240	40	
15		250	50	
16		260	60	
17		270	70	
18		280	80	
19		290	90	
20		300	100	
21				

元，所以內含價值為0，那10元都是時間價值，可是隨著時間過去，時間價值會一點一點的消失，最後全都沒有了，內含價值又是0，因此全泡湯了。」

羅美妍想了想，又問道：「那如果宏達電漲到300元，就會有100元的內含價值，等於你會賺10倍的意思嗎？」

涂壯竹說：「我當初也是這樣想的呀，可惜天不從人願。」

兩人沉默許久，羅美妍說：「那錢是誰賺去了呢？」

涂壯竹答：「發行券商賺走了，他們收去了權利金，又不用承擔履約義務，賺取了全部的權利金。」

羅美妍說：「我懂了，這不就像我以前在百貨公司銷售時，如果客戶先付了訂金，後來卻沒有買，訂金就被公司收下了，也不用出貨給客戶，是這個意思嗎？」

涂壯竹稱許道：「沒錯，大概就是這樣。不過妳們公司跟客戶簽銷售契約，大概價格都是固定的，客人早買晚買都是那個價格，不會有履約價跟市價不同的情形，市價也不會在短期內波動，所以沒有漲跌的機會，就沒有所謂的時間價值。」

羅美妍又想了想，說道：「你說你買宏達電權證時，宏達電才120元，一張股票等於是1000股，那就值12萬元。履約價200元的權證卻要價10元，等於是我跟客戶說一套12萬元的席夢思床現在缺貨，先給1萬訂金，明年才能用20萬元來買，如果不買了就沒收訂金，是這樣嗎？這對發行券商來說也太划算了吧？」

涂壯竹一想真是如此，不由得一時語塞。

羅美妍見老公不說話，怕他又鑽起牛角尖，於是再問道：「那我們可以改成賣權證去收取權利金嗎？這樣獲利的機會比較大吧？」

涂壯竹笑了笑說：「所以券商才這麼喜歡發行權證呀，可是交易所規定只有券商才可以發行權證收取權利金，一般投資人是沒有機會做權證賣方的。」

想了一想，他又接著說：「不過台灣剛剛開放了股票選擇權市場，在期貨交易所交易，但是交易量很少，很不容易成交，不像指數的選擇權市場那麼熱絡。」

台灣的選擇權市場是於 2001 年底創立，第一項商品就是臺指選擇權，以加權股價指數為標的，當年度的日均量只有 856 口。但是自 2002 年起，因期交所與期貨商的大力推廣，交易量突飛猛進，日均量由年初的一千口上下，至十月份即突破萬口大關，達到 10,767 口，並持續大幅成長，十二月份的日均量更達 16,608 口，僅一年的時間成交量即成長達 18 倍，堪稱我國期貨市場上發展最為迅速且成功之商品。

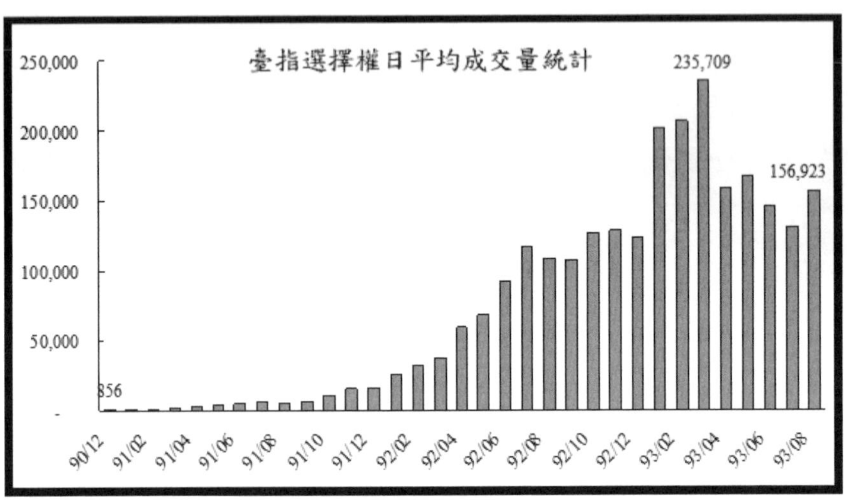

除臺指選擇權外，期交所於 2003 年推出股票選擇權，首批上市的標的股票包括南亞、中鋼、聯電、台積電及富邦金等五檔，該商品為我國首度採實物交割之選擇權商品。各界原預期在臺指選擇權成功的發展經驗下，股票選擇權可望再創新局，然而由於臺指選擇權市場吸引了大多數投資人的注意力，使後上市的股票選擇權在發展上顯得力不從心，五檔股票選擇權上市第一年的日均量僅 851 口。

羅美妍問涂壯竹：「這跟你買的宏達電權證是一樣的嗎？」

涂壯竹答：「一樣都是選擇權的性質，而且它還有賣權，就是買方擁有選擇『賣或不賣』的權利。如果價格低於履約價，買方就會選擇以較高的履約價賣出，再用較低的市價買進，實務上期交所會直接以兩者的價差結算給買方，不會真的讓買方賣了再買。」

羅美妍有點頭昏腦脹了：「買方可以賣了再買，那他到底是賣方還是買方？」

涂壯竹知道這有點抽象，繼續解釋道：「這是翻譯的問題，英文的買權叫做 Call，賣權叫做 Put，台灣把 Call 叫做買權，Put 叫做賣權，結果有了買買權、賣買權、買賣權和賣賣權這樣拗口的說法，用英文來稱呼叫比較清楚了。買方就是買 Call 或是買 Put，買 Call 擁有『買或不買』的權利，買 Put 擁有『賣或不賣』的權利，為了取得這個權利，買方必須支付權利金，那就是選擇權的價格了。」

羅美妍追問：「那賣方呢？」

涂壯竹說：「賣方就是收取權利金，但必須承擔與買方交割的責任，也就是說：如果賣 Call 在市價高於履約價時，有義務讓買方以較低的履約價買進，那他就是虧損了。」

羅美妍說：「可是你買宏達電權證的時候，宏達電的股價只有 120 元，履約價卻高達 200 元，賣方收取 10 元的權利金，幾乎是一定會進口袋的，我如果賣履約價很遠的選擇權，是不是也幾乎肯定可以獲利了？」

涂壯竹沒料到羅美妍有此一問，他說：「這就像妳們公司如果答應了客戶用 20 萬元買席夢思床，結果美國廠商的供貨價格提高到了 20 萬元以上，那就賠錢賣了。」

羅美妍笑了：「價格哪有那麼容易可以漲那麼多的，再說了，我們公司的倉庫裡有的是床，供貨價格提高了，就把舊的床給客戶，新的客戶再來買，就簽更高價的銷售契約，不就成了嗎？」

涂壯竹腦袋靈光一閃：「妳說得很有道理，選擇權是以加權指數做為標的，台指期貨也是以加權指數做為標的，只要先買進台指期貨，再賣出選擇權的買權，就可以穩收權利金了。」

兩人商量了一陣子，最後決定讓羅美妍開了一個帳戶，做選擇權與期貨的搭配買賣，涂壯竹還是專心在證券公司上班，他暫時是不敢再冒什麼風險了。

❖ 下

2006 年春節前，邦泰證券舉行尾牙晚宴，歷年來就算這次最具規模。許多合作企業送來豐富的獎品，頭獎是一輛 Mercedes-Benz C-Class 的轎跑車，二獎是希臘雙人之旅，還有剛剛上市的液晶電視、宏達電的智慧型手機、蘋果公司的平板電腦…，琳瑯滿目地擺滿了在主席台前，公司從董事長、總經理到副總都送出了大額獎金的紅包，過往多數人只能拿到普獎，這一年的普獎卻成了少數。

公司同事可攜伴參加，許多都是全家出席，整個會場塞得寸步難移，男男女女，泰半是年輕人，大家嘻嘻哈哈的，熱鬧得不得了。廳裏飄滿了紅紅綠綠的氣球，有幾個小孩踩得那些氣球砰砰嘭嘭亂炸一頓，涂壯竹的頭都發了暈，那晚各部門都準備了表演節目，樂隊的歌手也不少，一個個上來，衣履風流，唱了幾首流行歌。正當樂隊裏那些人敲打得十分賣勁的當兒，有一個衣著分外時髦的女人走了上來，她不慌不忙把麥克風調了一下，回頭向樂隊一示意，便唱了起來。

聽見你說，朝陽起又落。
晴雨難測，道路是腳步多。
我已習慣，你突然間的自我。
揮揮灑灑，將自然看通透。

她輕搖身軀，從心窩裡迸出來地接著唱道：

那就不要留，時光一過不再有。
你遠眺的天空，掛更多的彩虹。
……

這是黃小琥的歌「突然的自我」，是知名音樂人伍佰做的詞曲。一曲唱完，台下掌聲如雷。女人微笑走下了台，風姿綽約地在涂壯竹身旁坐下，那是羅美妍，同桌的黃副總舉起杯來大聲喝采：「壯竹，你真幸運，老婆漂亮又會理財，沒想到歌聲還這麼動聽。」羅美妍臉上更增一抹紅暈：「黃副總別笑我了，我哪裡會理財，都是壯竹教我的，我學了兩三年，才剛懂一些門道而已。」涂壯竹見老婆十分受歡迎，臉上也跟著增光，初見面時他愛上的是羅美妍秀外慧中的氣質，現在她更是嫵媚，看著全不像個三十來歲的婦人，大概她的雙頰豐腴了，肌膚也緊滑了，歲月在她的臉上好像刻不下痕跡來了似的。

一個臉上畫得十分入時的女營員接道：「大嫂不要這麼客氣了，我光靠妳的業績就快不用上班了。妳那套投資術真是了不起，跟房東收租一樣，每個月坐收權利金的獲利，是我薪水的好幾倍。」説話的是公司裡的營業員魏碧如，她兩年前才從金鼎證券跳槽過來，羅美妍跟老公商量好由她來開戶做選擇權時，就找到了魏碧如。魏碧如是個老市場派，熟習交易規則，正適合給羅美妍做個幫手，不過這些老市場派都有個毛病：愛聽明牌，喜歡追高殺低，動不動就叫客戶進進出出股票。

羅美妍的交易模式很不一樣，幾乎不碰股票，每個月初建立好選擇權部位就不太動了。羅美妍總是從加權指數位置往上加 500 點的履約開始賣出買權（Call），然後買進新的期貨部位，如果加權指數往上漲，就再賣出更高履約價的買權，她的選擇權部位幾乎都是放到結算日，只會在期貨部位上稍做增減。

羅美妍以前是從來不敢碰這些投資商品的，她和媽媽是靠辛苦錢撐起家來的，一分一毫都算得仔仔細細，苛扣得緊緊的，根本受不了股市起落的壓力，嫁給涂壯竹以後手頭才寬裕了起來，可也是精打細算，有餘錢都存在銀行裡，雖然在網路泡沫以後央行不停降息，可她還是不敢做別的打算。直到兩年前聽了涂壯竹的一番話，開始做選擇權賣方，2004 與 2005 這兩年，台股加權指數一直在 6,000 點上下震盪，很少有任何一個單月的漲跌超過 500 點，羅美妍的選擇權部位鮮少被突破履約價，她覺得這跟存銀行收利息一般，權利金幾乎都是穩當地收進口袋裡，而且比銀行的利息高多了，這才放心去做。

2004~2005 年台灣加權指數走勢

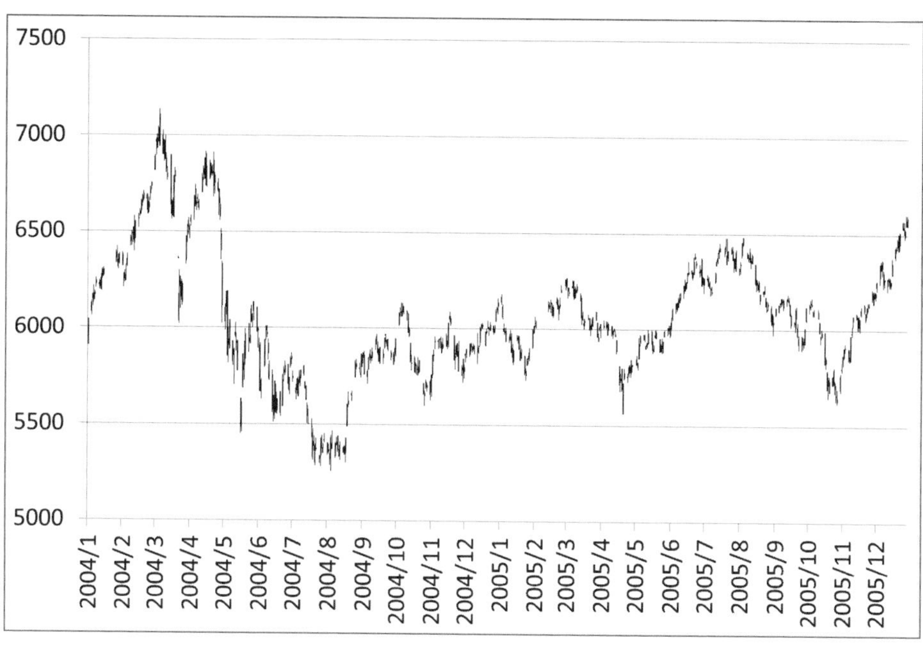

魏碧如繼續説：「大嫂的獲利愈來愈好，建倉的部位也增加不少，我們都好羨慕哩！」魏碧如畢竟是證券營業員，平常只關注政府是不是要護盤，有沒有主力拉抬股票，或是什麼股票創了新高，例如公司強力推薦與投資的宏達電，這時候已經快要突破 700 元了，對於期貨和選擇權市場，她只懂得交易規則，卻不明白其中的操作技巧，對於羅美妍這種坐收權利金的操作方式，她真的只有羨慕的份。

涂壯竹聽了魏碧如的話，覺得情況不大對，老婆是很小心的人，怎麼會突然增加了部位呢，便留上了心，此時服務員端上了一道清蒸大石斑，一個象牙白的大瓷盤裡盛著一尾五、六斤重的龍膽石斑魚，所有人都喝了聲采：「好一個年年有餘！」

那一年的春節假期間，涂壯竹帶了老婆和小孩一起到台北 101 遊憩。台北 101 座落於臺北市的中心商業區——信義計畫區，最初是為了配合中華民國政府的亞太營運中心政策而籌建的金融服務設施，後轉變成綜合性的商辦建築，於 1999 年 9 月動工，2004 年 12 月 31 日完工開幕。最初名稱為臺北國際金融中心，後來是李祖原建築團隊構思建議，才改為現名，興建與經營機構為台北金融大樓公司，為台灣第一高樓、以及唯一樓層超過 100 層的建築物。在 89 樓觀景台有提供高倍數的望遠鏡，可遠眺臺北地區的景色，另外也有紀念品商店、咖啡廳、美國文化冰淇淋及珠寶飾品專櫃等設施，此時兩個小孩興奮地跑來跑去，涂壯竹和羅美妍悠閒地喝著咖啡。

涂壯竹對羅美妍說：「妳還記得在隔壁百貨公司上班的時候，我頭一次見到妳的時候嗎？」

羅美妍想起涂壯竹那時魂不守舍的樣子，不禁笑了出來：「記得啊，你本來跟好幾個同事來的，忽然就轉進我們傢俱賣場，也不出聲，轉了兩圈，出去又回來了，我以為你想買個什麼東西，不好意思問，就遞個名片給你，沒想到你就打電話來了。」

涂壯竹道：「我就喜歡妳啊，我沒看過妳這麼漂亮，又有氣質的女孩子。」

羅美妍雖然嫁給涂壯竹這麼多年了，這時聽老公稱讚自己，還是羞了起來。她問：「你到底喜歡我什麼呢？」

涂壯竹說：「我在證券公司上班，公司裡的人講來講去都是錢，有了錢還想要更多的錢，賺了的不會收手，每天不停地追高殺低，到最後卻是愈來愈沒錢。妳不一樣，總是安安份份的，我跟妳講起聯電台積電漲了一倍，一張配幾百股，妳一點也不心動，說中環錸德創了新高，妳也只是笑笑。我想起以前小時候爸爸也曾經做股票，那是民國 78 年，股市從幾千點漲到一萬兩千多點，他賺了些錢，每天嚷著叫媽媽不要煮飯，要上館子吃飯，媽媽總是搖搖頭，叫爸爸把錢給她存起來，後來郭婉容上台，說要開徵證所稅，股市一下子又跌到了兩千多點，爸爸的投資賠了很多錢，還是媽媽拿出積蓄貼補家用，我想，娶老婆就要娶妳這樣的女孩子，才有一個安定的家。」

羅美妍倒不曉得這些事，回答道：「那你還叫我去開戶做期貨選擇權，不怕又把錢賠光了嗎？」

涂壯竹道：「妳跟我不一樣，妳總是小心翼翼地，不會冒險。說到這個，上次魏碧如說妳把投資部位放大了，是怎麼回事？」

羅美妍說：「我也不曉得。還記不記得陳水扁要選連任的時候，股市從 6,000 點拉高到了 7,000 點，你教我賣出的選擇權差點都跨過了履約價，那時我賣出高 500 點履約價的買權，都還有 50 點的權利金，同時買進期貨避險，不僅賺到了權利金，連期貨都有幾百點的收益，可是現在指數一樣在 6,000 多點，賣出去的選擇權權利金只有 30 多點，我想要有同樣的收益，就得把口數增加，看起來部位放大了，其實潛在的權利金收益是一樣的，我也不知道到底是什麼原因。」

涂壯竹想了一想，說道：「這應該是因為選擇權市場的隱含波動降下來了。」

羅美妍不明白，偏著頭問：「隱含波動率？」

涂壯竹進一步解釋道：「選擇權的價格表面上來看是權利金，但事實上隱含波動率才是真正的價格。妳想想看，如果一樣指數是 6,000 點，履約價 6,100 點跟履約價 6,200 點的買權，哪一個會比較貴呢？」

這個羅美妍已經很熟悉了，想都不想就回答：「當然是履約價 6,100 點的比較貴呀！」

「為什麼呢？」

羅美妍說：「如果指數漲到 6,200 點，履約價 6,100 點的買權已經有 100 點的內含價值，可是 6,200 點的內含價值還是 0，漲到 6,300 點時，履約價 6,100 點的買權有 200 點內含價值，6,200 點的只有 100 點，不管怎麼樣，履約價 6,100 點的買權內含價值都會比履約價 6,200 點的內含價值高，所以當然比較貴呀！」

「那如果不是往上漲，是跌的呢？」

「這樣的話，兩個的內含價值就一樣是 0 了。」

說著涂壯竹拿起桌上的紙，畫了一個表格，問道：「妳看是不是像這樣？」

結算價	履約價	內含價值	履約價	內含價值
5400	6100	0	6200	0
5600	6100	0	6200	0
5800	6100	0	6200	0
6000	6100	0	6200	0
6200	6100	100	6200	0
6400	6100	300	6200	200
6600	6100	500	6200	400

羅美妍看了一下説：「沒錯，是這樣。」

涂壯竹又問：「那妳覺得除了履約價之外，還有什麼會影響選擇權的價格呢？」

羅美妍只稍微想了一下就說：「距離到期日的長短也會影響它的價格，這就是你最早教我的時間價值，當時間一點一滴的過去，剩下可上漲的機會也愈來愈小，我就是利用這個時間價值的消失在獲利。因為我做賣方，價值消失對我是有利的。」

涂壯竹稱許道：「沒錯，上漲的機會在這裡就是關鍵。妳還記得以前中學時學的期望值概念嗎？如果丟一個銅板，出現正面的機率可以得到 10 元，出現反面拿不到錢，那玩一次要多少錢，妳才願意玩呢？」

這倒是羅美妍可以理解的數學觀念，她說：「如果銅板沒有做弊，出現正面跟反面的機率都是二分之一，所以有一半的機會可以得到 10 元，平均每一次可以得到 5 元，只要玩一次花 5 元以下，長久下來就可以獲利了。」

涂壯竹説：「沒有錯，選擇權也是一樣，只是它會出現的不只是反面跟正面，理論上結算價在任何點數都有可能，可是太大跟太小的點數機率就很小了，不管漲漲跌跌，停留在現在點數的機會是最高的，以這個表格的例子來説，就是 6,000 點，我們如果把機率都分配給 5,400 到 6,600 裡這幾個數字，就可以算出持有選擇權的期望值。」説著他又在表格的後面加了一欄，上面寫「機率 (%)」，並填上了一組數字。

結算價	履約價	內含價值	履約價	內含價值	機率(%)
5400	6100	0	6200	0	5
5600	6100	0	6200	0	10
5800	6100	0	6200	0	20
6000	6100	0	6200	0	30
6200	6100	100	6200	0	20
6400	6100	300	6200	200	10
6600	6100	500	6200	400	5

然後自己接著說：「當結算價小於履約價的時候，內含價值是0，就可以不用算了，我們先看履約價是6,100點的買權，有20%的機會賺100點，期望值是20點，有10%的機會賺300點，期望值是30點，有5%的機會賺500點，期望值是25點，加起來一共是75點，這就是買賣雙方都會同意的價格。同樣的方式也可以算履約價6,200點的買權價格，有10%的機會賺200點，期望值是20點，有5%的機會賺400點，期望值也是20點，加起來是40點，這就是它的價格。」

羅美妍點了點頭：「原來如此。」

涂壯竹說：「如果未來股市震盪的比較厲害，出現比較大漲跌幅的機會也比較高，停留在原本指數位置的機會就降低，相對地，如果震盪得不夠厲害，就比較可能在原本的指數位置結算。我們來看如果波動比較大的情況。」於是他填寫了第二組數字：

結算價	履約價	內含價值	履約價	內含價值	機率(%)	
5400	6100	0	6200	0	5	6
5600	6100	0	6200	0	10	12
5800	6100	0	6200	0	20	20
6000	6100	0	6200	0	30	24
6200	6100	100	6200	0	20	20
6400	6100	300	6200	200	10	12
6600	6100	500	6200	400	5	6

他說道：「妳看，對履約價 6,100 點的買權來說，發生內含價值 500 點的機會提高了 1 個百分點，期望值就增加 5 點，發生內含價值 300 點的機會也提高 2 個百分點，期望值就增加 6 點，總和起來價格就上揚了 11 點，雖然下跌的機會也提高，但是買 Call 的人有選擇買或不買的權利，所以跌得多對他來說沒有影響，因此震盪大對選擇權買方就是有利的，。妳可以算算看履約價 6,200 點的買權會怎樣？」

羅美妍答：「內含價值 400 點的機會上揚 1 個百分點，就多 4 點價值，內含價值 200 點的機會增加 2 個百分點，又多 4 點價值，合起來價格會上揚 8 點，是這個意思嗎？」

涂壯竹說：「沒錯，就是這樣。所以觀察不同履約價的選擇權價格，沒有辦法分辨出哪一個真的比較貴，就算履約價低的買權賣得比履約價高的買權貴，那也是應該的，要比較它們的隱含波動率，才知道哪一個真的比較貴。」

羅美妍似懂非懂地點了點頭，畢竟數學不是她的強項，她只能做做簡單的加減乘除而已。所以她又繼續跟涂壯竹確認：「所以我 2004 年賣 Call 可以賣到比較高的價格，是因為那個時候的市場波動的比較厲害，現在比較平穩，價格就降下來了，這就是你說隱含波動率下降的關係嗎？」

在 2004 年發生了 319 槍擊事件，當年的 3 月 19 日，爭取總統連任的民主進步黨籍總統陳水扁、副總統呂秀蓮正在民主進步黨大票倉臺南市金華路掃街拜票，當天下午 1 時 45 分發生了槍擊事件。根據警方調查，當時凶手共開了 2 槍，其中一顆子彈穿過汽車擋風玻璃後擊中副總統呂秀蓮膝蓋，另一顆則擦過陳水扁總統的腹部。由於當時藍綠兩黨的民調非常接近，但是國民黨的「連宋」配略有領先，這一突如其來的變數，使得後來民進黨的選情受到激化，最後結果翻盤，陳水扁總統競選連任成功。

槍擊事件發生後，期貨市場連續兩天跌停，但一個月後又回到了槍擊事件發生前的位置。羅美妍本來就是個保守的人，只敢操作很小的口數，而且平常也不關心股市，只是照著和涂壯竹商定好的策略操作，因此一樣把賣出買權的權利金收入錢囊，避險的期貨部位也沒有受到損傷。

隨後股市出現短期劇烈震盪，一直到同年八月才開始回穩，由底部 5,500 點附近往上攀升。這段期間，羅美妍每賣出 10 口選擇權才以一口小型台指期貨做避險，在選擇權的權利金收益完全可以彌補避險部位的損失，一整年都持續獲利當中，2005 年更是選擇權和期貨兩邊都賺。

涂壯竹點了點頭，繼續解釋：「市場都是看漲說漲，看跌說跌，那個時候震盪得厲害，選擇權市場的價格就比較高，意思是投資人預期波動幅度會比較大，可是接下來兩年卻很平穩，表示市場根本就看錯了。現在選擇權的價格不如以前，也是因為市場看最近都沒什麼漲跌，就以為往後也不會出現大波動。」

涂壯竹握住了羅美妍的手，話鋒一轉：「既然價格不好，再做賣方也沒什麼利潤，妳增加了持倉部位口數，就是增加了風險，萬一真的大漲，會有大虧損，我看妳還是休息一陣子，這幾年賺了不少，減輕我很多壓力，真的很感謝妳。」

羅美妍看著眼前這個男人，心裡滿滿的是幸福感，腦中又迴盪起黃小琥那首「突然的自我」。

那就不要留，時光一過不再有。

你遠眺的天空，掛更多的彩虹。

年終會議

週五這一天，寒流襲到了臺北市，一整天都是陰雨綿綿，沈沁玲在會議室裡等著要開會，一張十人的橢圓形會議桌旁，只有她一個人等在這裡。每個週五下午是例行性的投資會議，沈沁玲去年才進了邦泰證券，新人開會不敢遲到，早二十分鐘她就帶著筆記本坐定了，看著窗外黑成一片，下午兩點就好像快入夜了一般，想到當年初來到台北讀書就很受不了這樣的天氣，在南部的冬天總是亮堂堂的，早上穿了外套出門，不到中午額頭就冒汗了，那時每個週末她都趕著黃昏的自強號回去，想到下個禮拜還要上兩天班才放假，心裡鬱鬱不樂的。

台灣的證券交易制度是 T+2 日交割，就是說今天買賣的股票，要兩天後才交割，下個星期三是除夕，銀行上班到週二，扣除掉週休二日，往前數兩個交易日，也就是今天，台股就封關了。對證券公司來說，下個禮拜的兩天並不開盤交易，可還是得要進辦公室打卡上班，她的心早就已經飛回了家，在這鬼天氣的台北多待一天都叫她難受。

這時公司的前輩涂壯竹拎著筆電走了進來，朝她點了點頭：「沁玲，生日快樂！」沈沁玲嚇了一跳，第二天才是她的生日，她也沒聲張，沒想到前輩居然知道了，趕緊回話：「謝謝前輩。」涂壯竹問：「有沒有要慶祝啊，跟男朋友一起？」沈沁玲低著頭回答：「沒有男朋友啦，下禮拜還要上班，不然早就回家跟爸媽一起過節了。」

涂壯竹沒多説什麼，他那一頭寸把長的短髮倒豎起來很有精神，淨白的臉看似要笑，眉頭卻是鎖著。他的骨架大，坐著也比旁人高出一個頭來，一雙巨掌，手指細細長長，十根樹枝似的。他身上穿了一套藏青色的西裝，是公司的制服，公司每年都做一套新制服，吳董投資了一間「藍絲特」西服店，制服都是交給它做的。

不一忽兒走進來一對俊男美女，兩人肩碰著肩，若即若離地眉來眼去。這男的是美國土生土長的華裔劉強生，女的是新加坡來的潔思敏，公司去年開始經辦了複委託交易，也就是跟國外券商合作，買賣海外的股票，為此從國外請回了兩個有經驗的青年才俊，可能是海外的觀念比較開放，這倆人幾乎是一碰面就走到了一塊，常常看他們在辦公室裡打情罵俏，沈沁玲總是儘量離他們遠遠的。潔思敏鮮紅的圓臉上一雙精光滴溜的黑眼睛，看上去跟沈沁玲差不多大，可是她已經在外資銀行當了兩年理財專員了，劉強生坐在她身旁，臉上修剃得整整齊齊，顯得容光煥發，剛整理過的頭髮，一根根吹得服服貼貼地壓在頭上。

開會時間快到了，吳董和黃副總都進來坐定了，與會的還有一位沒見過的中年人，古銅色的肌膚皮繃得緊緊的，他的鬢角起了花，身上的斜紋嗶嘰西服磨得光滑，看起來很世故滄桑。

看看時間差不多了，吳董先開了口：「今天是台股封關日，過去一年也算是風風雨雨了，SARS 過後，台股的成交量一直萎縮，本來看到五、六百億的成交量，就以為是最低了，沒想到後面還有

三、四百億的成交量，而且一直維持到五月，居然還出現兩百多億的成交量，跟黃副總剛來公司的時候，隨便都有兩千億以上的成交量，差異真是非常巨大。」

黃副總微笑了一下，他記得在2000年初的時候還曾經有三千億以上的成交量，創下歷史記錄了，那個時候營業部的小趙靠業績獎金付了頭期款，入手一部BMW 520，結果不到一年，網路泡沫開始，股市量價俱跌，小趙自己的投資失利，業績又萎縮，沒了業績獎金，逼得他又把車賣掉，一買一賣的價差就快要100萬，對一個年輕人來說真是重大打擊。

吳董又接著說：「幸好下半年股市又熱絡了起來，從四千點拉到六千點，公司才彌補了一些虧損，不過大概2003年虧損是跑不掉了，同業也都是如此，年終獎金就要請同事委屈一點了。」

涂壯竹的心一沉，他剛剛才賠掉了宏達電的權證，看樣子這個年難過了。

「喔，跟大家介紹僑威銀行投資部的王經理。」吳董轉頭面對那位面生的中年人。「王經理在僑威銀行三十幾年了，過幾個月就要退休。僑威銀行這幾年做了幾項很不錯的業務，像是外匯跟債券，都是王經理接手的，王經理這麼早退休太可惜了，公司準備聘請王經理來當顧問，把他的經驗教給我們。王經理，這位黃副總你本來就認識的，那邊高個子的涂壯竹，是財務工程的高手，很多新的衍生性金融商品我都不懂，還要靠他來解釋，你們不是也做很多連動債、可轉債，還有那個什麼債務擔保證券，我都不明白，你多跟涂先生聊聊，把經驗告訴他，他數字是算得很精準，但是對市場的經驗就不夠你多了。」

王經理清了清嗓子，開口說：「其實那些衍生性金融商品都不難，萬法不離其宗，最後還是要看什麼標的，如果公司對了，不管債券或是股票，都是穩當的。」他話匣子一開，繼續說下去：「其實我哪裡懂得那些衍生性金融商品，還不都是趕鴨子上架，我們以前根本沒碰過這些東西，公司派我去跟高盛、美林和摩根談合約的時候，不就是打了幾場高爾夫球，就把合約帶回來了，那些 CDO、CBO、ABS 什麼的，說明書跟合約書厚厚的幾百頁，我眼睛都老花了，怎看得下去呀，不過國內的幾個大銀行都投資了，玉山、中信、台新、大眾、聯邦都投了好幾個億，富邦投信和台灣人壽也放不少，那還能有錯嗎？重要的是把合約拿下來，人家怎麼做，我們跟著做就對了。」

忽然他覺得這好像貶低了自己，話鋒又轉：「不過這個主事者是很重要的，什麼人玩什麼鳥，平常多跟這些高層來往，就知道他們都打什麼主意，手裡有什麼牌，機會來的時候就知道怎麼押。像桃園大園空難發生時，那個央行總裁許遠東也跟著掉了下來，不是不尊敬他，不過許總裁是出了名的貨幣控制者，我們在銀行的最關心還是誰能接手，一整個晚上電話打來打去，大家都在打聽繼任的是誰，一聽是彭淮南，我心裡就有底了。彭淮南以前最提倡自由經濟，信奉的是傅利曼那一派，什麼政府不要過度干預，匯率要有彈性，他要是上台啊，肯定走寬鬆的貨幣政策，這時候買債券就對了，那個時候我就讓交易員狂買，果然，你看接下來利率一直往下掉，我們銀行這幾年的債券獲利都是這樣打下來的。」

沈沁玲是經濟系畢業的，她知道央行採取貨幣寬鬆政策，就表示調降對銀行的重貼現率，也就是央行對銀行放款的利率，這麼做又會進一步使銀行的利率往下調整，而債券的價格跟利率成反比，所以貨幣寬鬆就表示債券價格走揚。但是她心裡冒了個疑問：「央行調降利率是從 2000 年網路泡沫以後，因為經濟衰退，跟著美國的貨幣寬鬆政策降下來的，全球都在降息，好像不是因為換央行總裁的關係。」但是她不敢開口質疑。

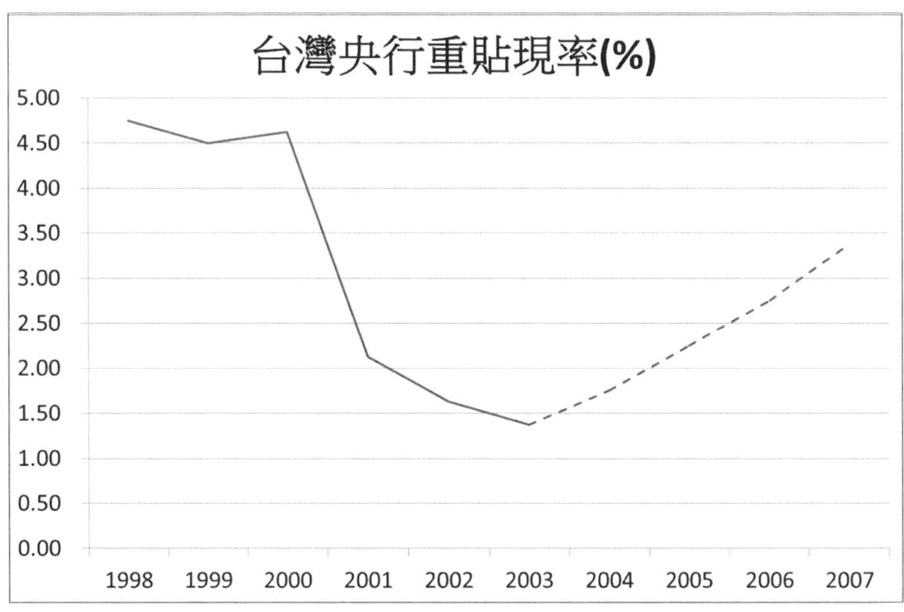

果然此時劉強生說話了：「利率走跌是全球的趨勢吧，自 2000 年網路科技泡沫化與 2001 年 911 恐怖份子攻擊事件之後，美國聯準會為降低通貨緊縮對經濟成長的衝擊，從 2000 年 5 月至 2003 年 6 月，連續降息 13 次，聯邦基準利率由 6.5% 降到 1%，如果要看主事者，應該說是因為葛林斯班的因素。」

王經理依然洋洋得意的繼續說：「沒錯，我就是這個意思，葛老主導了美國的降息，彭總裁則主導了台灣的降息，我從他上台那一天就知道會這樣了。」

劉強生還待說些什麼，吳董卻揮了揮手制止了他。

王經理更是大聲了：「陳水扁上台以後不是開始推動金融改革，主張銀行合併嗎？我就知道他想幹什麼，還不是想從中撈點油水，不要以為總統就不貪，是人就會貪，我就曾經半夜帶人進總統府搬皮箱，好幾大箱重得要命，也不敢多問，直接就鎖到金庫裡，天曉得是什麼東西。依我看呀，過幾個月台灣又要變天了，上次選舉的時候要不是連宋分庭抗禮，被陳水扁漁翁得利，不然哪裡有上台的機會，這次可好了，雖然宋楚瑜 2000 年的得票數比連戰高，可是卻願意當副手，讓連戰坐正位，國民黨和親民黨合作，肯定會拉下民進黨，重返執政，都說了嘛，手心手背都是肉，鬧什麼分家呢！」

吳董這時補充了一句：「王經理是國民黨區黨部的總幹事，選舉的時候忙得很，要安排造勢，還要動員催票，今天能夠來這裡跟大家打聲招呼可不容易。」

「吳董也是我們的支持者呀，出錢不遺餘力，國民黨執政後有很大的合作空間。」王經理又把話接了回去，「十年前李前總統跟蕭院長就提出要推動台灣成為亞太的營運中心，這幾年連主席跟對岸一直保持良好的關係，等連主席上了台，兩岸合作，就可以搞得起來了。講實話，大陸人多呀，以前是被政策給綁住了，什麼都做不起來，改革開放以後一日千里，不只是製造業啊，科技、金融都發展的有聲有色，吳董不是才剛從上海考察回來嗎？他們現在的交易量急起直追，這邊的成交量一直往下掉，那邊可是一直往上攀升呢！」

亞太營運中心概念最早是由日本經濟學家大前研一在 1993 年間提出，時任中華民國經濟部部長蕭萬長採納了這個想法，並將「推動台灣成為亞太營運中心」做為接下來幾年李登輝政府的經濟政策主軸與口號。原本政策上制定推動的時程分為三階段，第一階段為 1995 年至 1997 年，第二階段為 1997 年至 2000 年，第三階段則從 2000 年開始；三階段的目標分別是改善台灣經濟體質、調整經濟結構，並在 2000 年成為亞太營運中心後繼續鞏固這個地位。但由於之後的 2000 年中華民國總統選舉和國際情勢的變化，該計劃的推動並未如預期中順利。

吳董開心地笑了笑。「是呀，我去看了上海證交所，那是好大的一棟樓呀，在浦東的陸家嘴，地坪面積比 101 大樓還大，大廈共 27 層，交易廳大概不輸給紐約證交所，超過一千坪的無柱交易大廳，寬敞明高，應該是亞洲最大，喔，不，大概是全球最大的，光開戶的人數就有 3,700 萬人，比台灣的總人口還多，去年的成交量有 2 兆，跟台灣差不多，可是台灣前年就超過 2 兆了，上證去年只有 1 兆，成長了一倍，我看過不了幾年就會是台灣的好幾倍了，這個時候如果能趕快卡個位是最好的時機，但是現在兩岸關係不是很好，只能先去探探路，要去設點大概還要過個幾年吧！」

「放心吧，吳董，連總統跟那邊的關係很好，不像民進黨政府，一天到晚想搞獨立，什麼『台灣的未來由台灣人民做主』，當然是台灣人民做主呀，人民要有飯吃，有錢賺嘛，世界上哪個搞獨立的國家不是苦哈哈的，一天到晚打來打去的，李前總統就是弄了個『兩國論』，什麼『特殊的國與國關係』，搞得對岸不高興，擺幾個飛彈在那裡，嚇得股市一直往下掉，媽個羔子，原來他是台獨份子的，一下台就去弄了個台聯黨，害黨內士氣低落，我最看不起吃裡扒外的傢伙了。」王經理這時上了風頭，儼然已經勝選了一般，直接喊『連總統』了，講話也愈來愈口不擇言。

黃副總忍不住插話：「這樣說不對啦，又不是在賣媳婦賣兒子，哪裡有說要合作，就得先向對方磕頭的，兩岸本來就是平起平坐，台灣人奮鬥努力了幾十年才有今天的成果，從來也沒有拿過中國的一毛錢，受過他們半分好處，憑什麼說台灣是中國的一部份。陳總統剛上台主張『積極開放、有效管理』，和中國大陸一起加入了WTO，這樣才像話呀，中國在去年已經成為台灣最大的出口市場，現在是台灣最大的貿易夥伴，如果台灣真的成為中國的一部份，它要什麼就拿去，那我們高科技產業研發的成果，幾十年培養的人才，全部被挖去內地發展，這樣公平嗎？」

吳董趕緊打圓場：「政治上立場不同是台灣的民主價值，我們做生意的，不管誰當家都支持，都是人民做主選出來的嘛，我看這次連宋配大概會贏綠營 100 萬票以上吧！」

王經理跟著轉移話題：「對對對，原來黃副總支持陳總統。上次連主席拿到 300 萬票，宋主席拿到 400 多萬票，國親合作有將近 800 萬票，陳總統只有不到 500 萬票，大概是很難贏過國親聯盟了。」

黃副總更是餘氣未消，發出了挑戰：「不可能啦，不可能贏超過 100 萬票，我跟你打賭，如果超過了 100 萬票，我輸你 1 萬元。」

眼看雙方又要吵起來了，吳董趕緊說：「不要這樣，王經理今天是客人，這樣好了，我跟黃副總打賭，國親合作如果贏不了 100 萬票，算我輸給黃副總，好不好？」

黃副總依然盛氣凌人：「好，在座還有沒有人要賭，我都接受。」

劉強生和潔思敏不懂台灣政治，也不知道雙方幹嘛火氣這麼大，只是看著有趣，並不答話，沈沁玲是新人，更是不敢接口。

黃副總又叫陣了起來：「如果你們不敢賭，那把你們的額度給我，我跟吳董賭，贏了的話算你們的，輸了錢我來出。」

劉強生和潔思敏一聽有這等好事，立刻點頭說好，沈沁玲也跟著說好，只有涂壯竹默不吭聲，他的飯碗是吳董給的，這個時候可得好好捧住，黃副總見涂壯竹不說話，也不逼他，倒是吳董這時覺得涂壯竹是站在自己這邊的，對他點了點頭。

魏碧如這時候敲門走了進來，她笑笑說：「今天是投資會議嗎？不好意思，我剛做完帳，經理叫我來參加，可以嗎？」也不等大家說話，就自己在角落坐了下來，又跟王經理打了招呼：「王經理今天也來喔，王經理最棒了，最近賺不少喔，有沒有跟大家講什麼明牌？」

吳董趕緊轉移話題：「對，今天封關，從元旦到現在好像市場氣氛不錯，開紅盤就漲了 150 點，回到 6,000 點大關，成交量都有千億元以上。王經理等一下還有事要先離開，要不要跟大家說說看你們銀行那邊是怎麼看今年的市場？」

王經理又清了清嗓子，他是個老煙槍，這一會兒沒抽，喉嚨都癢了起來。「當然是往上囉！說起來綠營執政真的是沒經驗，你看陳水扁一上台，加權指數就從萬點跌了下來，到 2001 年只剩下三千多點，尤其是從那個八掌溪事件看就最明顯了，好好的幾個人在那裡等待救援，一等就三、四個小時，眼睜睜地就被沖走了，隔天一開盤股市就開始跌，想當然嘛，這樣的政府怎麼叫人民有信心，現在準備換人執政，人民有信心，當然股市就會回升了。」

劉強生和潔思敏到台灣還沒有一年，不明白什麼是八掌溪事件，交頭接耳地問了起來，沈沁玲悄聲地向兩人說明：「八掌溪事件為 2000 年 7 月 22 日發生於台灣嘉義縣的職業災害事件，4 名工人於番路鄉吳鳳橋下游八掌溪河床上遭洪水圍困。輿論普遍認為救援系統協調遲滯，導致工人在受困 2 小時後死亡。此事件透過媒體全程實況轉播，在台灣社會掀起巨大輿論，並暴露出救援的疏失；當日時值週六，一些官員甚至直到工人被沖走後仍不知有此事件。首次執政的民主進步黨政府面對輿論的痛批，數次向社會公開道歉，後來行政院副院長游錫堃向院長唐飛表明代為負起政治責任，成為台灣史上任期最短的行政院副院長。王經理的記憶有點錯誤，因為當日是週六，所以是兩天後開盤才下跌的。」

王經理並未被三人的私下討論打斷，繼續說道：「說起選股，銀行股是最被看好的。這幾年政府投下了 1.4 兆的金融重建基金打消呆帳，壞帳比率降到 5% 以下，資本適足率都提高 8% 以上，符合國際規範，才能跟國際金融接軌，跟國外的大銀行做生意。講起來，那個時候開放民營銀行就是個錯誤，台灣市場就這麼大，太多銀行競爭，當然大家就都沒飯吃，我們僑威銀行雖然不大，卻是個老字號銀行，穩穩當當的經營，可以買，可以買。」他開始自吹自擂起來，卻沒發現自己的話有矛盾，開放銀行民營是上個世紀裡國民黨執政的事，積極打消呆帳的卻是民進黨政府，等於是綠營在收藍營的爛攤子。

「銀行股的市值大，佔加權指數的比重高，如果銀行股拉起來，指數一定不會難看，這幾年加權指數都是被電子股拖累了，什麼網路股、高科技股，都是燒錢的產業，沒看到營收卻一直增加投資金額，賺了錢不配股利，卻留在公司內部配股給員工，市場居然還吃這一套，配的股票張數愈多，反而漲得愈兇，現在可嚐到苦果了，等國民黨執政，應該金融股就會大漲。」說著他聲音突然放小，「你們知道嗎？連主席就是三商銀的大股東，他上台哪有不拉銀行股的道理。」

吳董追問：「所以僑威銀行是很看多台股囉？」

「是啊，那是當然。」王經理說：「你們知道選擇權嗎？我去年開始做放空 Put 的操作，就是賣出賣權啦，這東西很有賺頭哩！SARS 過後不是跌到四千多點嗎？我從六月開始就一路賣 Put，一路賺，這個東西才剛剛推出市場，很多投資人不懂，以為做買方就是『風險有限，獲利無限』，傻傻地一路追買，把隱含波動率炒高到 30 幾 %，這種情形就最適合當賣方了，看漲就賣賣權，看跌就賣買權，比當買方好賺多了。」

魏碧如突然插嘴：「那不就跟涂經理夫人一樣，她最近開了一個期貨戶頭，專門賣 Call，那經理夫人就是看跌囉？」

涂壯竹突然被點到，兩手亂搖，一張臉紅了起來，他急切間想不起來說什麼好，趕忙說道：「沒有啦，我們除了賣 Call，也同時做多期貨，並不完全是做空方。」

王經理倒很有興趣似的：「賣 Call 又做多期貨，那不是跟賣 Put 是一樣意思嗎？何必多此一舉，自己跟自己對做呢？」

會議室裡倒有一半的人聽不懂他們在說什麼，黃副總就問：「壯竹你不是本來做多宏達電的權證，後來怎麼了？」

涂壯竹的臉更是燒得紫漲。「唉，後來全都變壁紙了，像王經理說得一樣，一年前買的時候，它的隱含波動率就高達 60 幾 %，不利於買方，可是權證市場又不能當賣方，我只能選擇買買權，可就虧大了。」

黃副總又問：「那王經理說賣 Call 又做多期貨，等於是賣 Put，是什麼道理？」

涂壯竹稍微冷靜了下來，思索一下說道：「賣權就是擁有賣出的權利，賣賣權就有被賣出的義務，那就是在買方要求履約時，必須負責去買了。比如說去年因為 SARS，房市一下子被打落谷底，很多建商的房子賣不出去，就想出了『兩年後以原價買回』的這個方式來做促銷，如果兩年後的房價依然沒有起色，甚至更低，現在買的人可以要求建商以原價買回，那就是說買房子的人擁有了賣權，建商就是賣賣權了，如果房價上揚，自然買房子的人不會要求建商用原價買回去，對建商來說雖然沒賺，但也不會有損失，可是如果房價持續下跌，建商要用原本較高的價格買回，就會損失了，跌多少，就損失多少。」黃副總點點頭，這個比喻倒是很清楚明瞭。

涂壯竹接著説：「如果這時有一個投資客，他買進了這個房子，卻不要求建商承諾兩年後以原價買回，而是另外找了一個自住客，承諾他可以先住進去，只需要支付租金，兩年後如果願意的話，可以用現在的價格買進，那麼他等於是賣了一個買權，有義務在自住客要求履約的時候賣給他，如果未來價格上揚，投資客就把房子賣給自住客，價格就是現在的價格，他還是不吃虧，只是沒賺到差價而已，如果價格跌了，自住客當然不會要用原來的高價去買，投資客的損失就是買了這間房子的價格，與後來價格的價差，跌愈多就賠愈多。」涂壯竹稍停了一下，等大家都吸收以後説：「大家想想這兩個例子裡的建商和投資客，都是在價格上漲的時候不賺不賠，價格下跌的時候發生虧損，所以説賣一個賣權，跟買進之後再賣買權，是同樣的道理。」

沈沁玲從來沒接觸過房市與選擇權，這時有點鴨子聽雷了。她問：「前輩，那建商跟投資客都只有上漲時不賺不賠，跟下跌時發生損失這兩種情形，不是沒有賺錢的機會了嗎？」

涂壯竹笑了一笑説：「哦，建商因為有了這個保證，可以提高房子的售價，也比較快把房子脱手，趕快拿回現金，就沒有資金利息的壓力，那就是它的好處。投資客不要那個賣權，可能跟建商多要一點折扣，面對自住客也比較有議價能力，同時還可以先收兩年的租金，這就相當於是選擇權市場的權利金。他們是先把好處拿到手，再承擔未來的風險。」

沈沁玲想起家鄉的父母世代務農，看天吃飯，遇到好年冬產量豐盛，稻米價格會因為供過於求而滑落，此時可以選擇交公糧給地方農會，由農委會以一公斤 23 元的價格收購，如果市價好，會有民間業者以更好的價格來收購，於是問涂壯竹：「那農委會的保價收購政策，其實就是賣出稻米的賣權，而農民就擁有賣權，可以選擇是否要賣給農糧署，這樣理解正確嗎？」

涂壯竹嘉許地說：「一點也沒錯，這就是一個選擇權交易，農糧署是賣賣權，農民是多方，政府雖然沒有跟農民收取權利金，但是從全國的稅收來編列預算補助，或許可以說農民的選票就是它收取的權利金吧！」

這時王經理起身告辭，吳董交待涂壯竹送一下客人。一走出辦公大樓，一陣冷風帶著濕氣撲面而來，王經理馬上從口袋掏出香煙，涂壯竹趕緊遞上打火機替他點著，同時自己也燃起了一根香煙，兩人邊抽邊聊著。

「涂先生還沒說說為什麼要多此一舉，先賣出了買權，又做多期貨避險，何不直接賣出賣權就好了呢？」王經理一邊吐出了煙圈，一邊偏著頭問著。

涂壯竹沉吟一下說道：「宏達電要上市之前，我和黃副總去參加了它的上市前公開說明會，很認同宏達電的產品方向，現在的手持式 3C 產品眾多，手機、筆電、數位相機、音樂播放器，很多人出門時帶著好幾個，很不方便，未來整合一定是趨勢，只是到底要往哪個方向整合，是往電腦整合還是往手機整合，比如說蘋果的 iPad 是平板電腦，PDA 是掌上型電腦，Nokia 的 Symbian 是智慧型手機，美國現在很紅的黑莓機也是智慧型手機，看樣子往手機方向整合比較有可能，宏達電是同時代工手機與 PDA，採 ODM 的模式，未來有可能推出自有品牌，我跟黃副總都認為它的前景不可限量，只不過黃副總買了宏達電股票，我卻買了權證，結果去年碰上 SARS 疫情，整個經濟成長停頓，明明宏達電的股票撐住不跌，我的權證卻歸零變成壁紙，痛定思痛，覺得現在選擇權的時間價值太高，應該要做賣方比較有利。」ODM（英語：Original Design Manufacturer 的縮寫），即原廠委託設計代工，又俗稱為貼牌生產，指由採購方委託製造方，由製造方從設計到生產一手包辦，而最終產品貼上採購方的商標且由採購方負責銷售的生產方式。

「這我明白，可是你不覺得應該賣賣權嗎？現在股市因為大選在即，投資人選擇觀望，才停在這裡，選後國民黨上台，我們執政的經驗比民進黨多得太多了，股市一定有慶祝行情。」王經理依然對選情信心滿滿。

「是沒錯，」涂壯竹很小心地選擇說話的用詞，他的鋒焰因為投資的虧損收斂了許多。「我只是覺得要漲也不會那麼快，所以賣出買權都是選履約價很高的商品，另外一邊也用期貨做避險，目的只是要收取權利金，倒不是看空股市。」

「這就是我的問題，賣買權又做多期貨，不就是賣賣權嗎？這你應該很清楚才對。」王經理追問著。

「雖然是如此，可是有兩個大問題，一個是流動性，另一個是彈性。」所謂的流動性是指金融商品與現金之間交換的能力，如果很容易轉換，就稱為流動性佳，不容易轉換就稱流動性差，通常是以交易量和買賣價差做為指標。涂壯竹並未多做解釋就接著說：「履約價高的買權是價外商品，也就是內含價值為 0，履約價愈高愈不容易被突破，時間價值也就小，因此價格比較低，這樣的商品流動性好，交易量大，買賣價差也小，佈局的時候不會因為流動性不佳而消耗額外的成本。如果直接做賣權，那就是深價內商品，價格動輒好幾百點，買賣價差也常有數十點，很難佈局。」

他又繼續解釋：「而且我不是直接做一對一的避險，我和老婆是做 10 比 1 的避險，也就是每做 10 口的賣出買權，才做多一口期貨避險，如果股市真的往上漲，再逐漸增加避險的比例，期貨市場的流動性比選擇權好多了，不管要買還是要賣都很容易，價外的買權流動性也很好，如果股市逼近履約價了，一方面做為避險的期貨有獲利，另一方面還可以賣出更高履約價的買權，或是減少手中快被觸及履約價的存貨，操作的彈性比較大，我把準則寫成標準模式告訴老婆，讓她照表操課，我就可以專心工作了。」

「原來如此，價外的選擇權確實流動性比價內的好，甚至比價平的都還要好，我是選擇賣出價平的賣權，它的時間價值最高，股市只要一漲上去，賣方的獲利最大，從去年六月開始，股市一路從四千多點漲到六千點，我可是收穫不少，現在都是滿倉押注，選後根本就不可能往下跌，這一波賺完就可以好好地從僑威銀行退休，領完退休金以後，新政府上台有不少職位會空出來，經建會跟金管會都有職位等著我，到時我們再好好合作。」王經理志得意滿地說著。

連吳董都押注國民黨勝選，還準備聘王經理當顧問，這所謂的顧問職根本就是門神，是打開特許業務的金鑰匙，涂壯竹不敢得罪王經理，連忙點頭稱是：「一定一定，全靠王經理提拔。」

兩人都沒想到，兩個月後發生了 319 槍擊事件，催出了民進黨的同情票，陳水扁連任成功，連戰陣營不服輸，提起了選舉無效之訴訟，並率眾佔領凱達格蘭大道示威，選後連續兩個交易日股市都是跌停…此後王經理再沒有踏入邦泰證券的辦公室。

新手入門

❖ 早上

「假設妳跟我猜拳，贏了可以向前走一步，輸了要倒退一步，猜個十次以後，如果妳每多走一步可以贏 10 元，這樣的遊戲要多少入場費才算是公平的？」涂壯竹問。

沈沁玲訝異地瞪大了雙眼：「這太難了吧，而且這跟選擇權有什麼關係呢？」

一大早，沈沁玲走到涂壯竹的辦公桌前，問起選擇權評價的問題。涂壯竹才剛進辦公室坐定，正低頭吸啜著在虎林街口買的大腸麵線，連頭也不抬地就丟了這個問題出來。這家小攤子擺在市場入口很多年了，每天早上總是大排長龍，它的麵線又濃又稠，不像一般摻水摻到稀稀的只有湯，而且大腸給的份量很足，涂壯竹常常趁著股市開盤以前買一碗來當早餐，滿足一下口腹之慾。

「前輩，人家好說歹說也算是個中等美女吧，你這樣完全都不理會，也太不給面子了。」沈沁玲嬌嗔著。她來到公司已經一年了，跟大家混熟以後，活潑的本性逐漸顯露了出來。

「不是我要嫌妳，可是在我眼中，妳只有一樣東西比得上這碗大腸麵線。」

「是什麼？」

「那就是妳也有大腸…」

沈沁玲臉都綠了。「唉喲，前輩你這樣太壞了啦，嫂子怎麼會嫁給你啊？」

「因為我總是能讓她笑啊！」涂壯竹終於抬起頭來舔了舔嘴巴。「事實上我不是那麼愛搞笑的人，可是妳知道的，很多時候事實的本身就很搞笑了，蠢一些的人看不清那是事實，就把它當做是搞笑了。尤其是如果某個人一旦被當做是搞笑型的人，那不管他說什麼，就算是嚴肅的事情，也會被當做是在搞笑，久而久之，就算愛搞笑的人真的做了什麼可笑的事，看起來也就沒有那麼可笑了。」

「前輩，不要搞笑了啦，我是很認真問的。」沈沁玲眨了眨雙眼。

「我沒搞笑啊，妳真的有大腸啊，沒有嗎？」眼看沈沁玲噘起了嘴，一副不知道要不要發作的樣子，涂壯竹清了清喉嚨，開始說：「好啦好啦，認真認真，我們先從簡單的開始，如果猜拳三次決勝負，贏的可以得到 10 塊錢，那多少錢玩一次才是合理的？」

這樣就簡單多了，沈沁玲馬上回答：「5 元，只有一半的機率可以贏到 10 元，期望值就是 5 元。」

涂壯竹進一步問：「對，三戰兩勝就算贏，那如果假設三戰全勝可以贏 30 元，這樣期望值是多少呢？」

沈沁玲邊想說：「三戰全勝的機會是八分之一，30 元的八分之一是 3.75 元，所以是 5 元再加 3.75 元，8.75 元嗎？」

涂壯竹馬上糾正她：「不對喲，剛才妳說一半的機率可以贏到 10 元，那包含了三戰全勝的那一次，可是現在三戰全勝得到 30 元，比本來可以贏 10 元的情況多了 20 元，所以如果妳要用往上加的方式算，單獨看三戰全勝的情況，只能再多加 2.5 元，應該是 7.5 元。」

沈沁玲偏頭想了一下：「對耶，那如果不用往上加的方式呢？」

涂壯竹說：「那妳就要把全部的情形都列出來，才能算出正確的期望值。」

沈沁玲隨即畫出了一個表格，問道：「是像這樣嗎？」

第一戰	第二戰	第三戰	獎金
O	O	O	30
O	O	X	10
O	X	O	10
O	X	X	0
X	O	O	10
X	O	X	0
X	X	O	0
X	X	X	0

涂壯竹接口：「對，八分之一的機率可以得到 30 元，期望值是 3.75 元，八分之三的機率可以得到 10 元，期望值也是 3.75 元，其它情形歸零，所以總期望值是 3.75 加 3.75，等於 7.5 元，跟剛才用往上加的方式算出來一樣。」

沈沁玲雖然得意終於得到涂壯竹的肯定，但是她又問：「我還是看不出來這跟選擇權評價有什麼關係。」

涂壯竹說：「哈哈哈，代誌不是憨人所想的那麼簡單，話哪係講透支，目屎是擦袂離呀！」他突然冒出當時很紅的節目「鐵獅玉玲瓏」當中許效舜的經典台詞。

沈沁玲又噘起了嘴：「前輩，不要說人家是憨人啦！」

「好好好，不說不說…」涂壯竹問：「妳想想，如果是猜 10 次拳，贏的比輸的每多一次，可以多得 10 元，會是什麼情形？」

沈沁玲愣了一下說：「這太複雜了，我不會算。」

涂壯竹提醒她：「妳知道巴斯卡三角形嗎？」

沈沁玲想起高中數學曾經教過，開始畫了起來：「是這個嗎？」

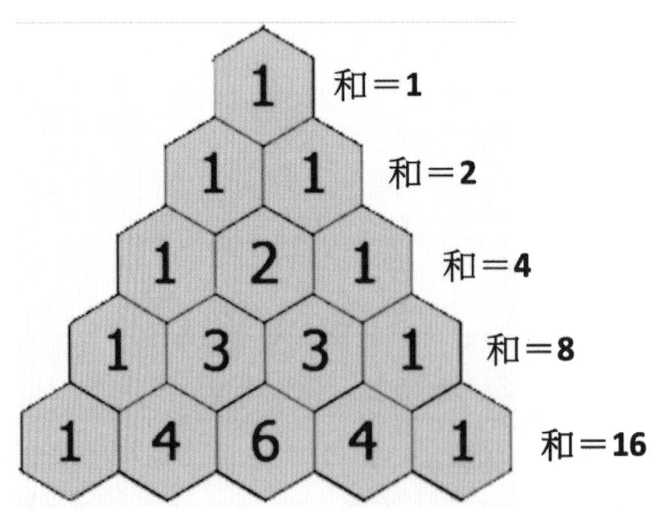

「對，妳看看每一行的數字相加，分別是 1, 2, 4, 8, 16…」涂壯竹邊說邊在每一行的右邊加上了總和。「有沒有看出什麼規律？」

「這就是 2 的 N 次方呀！」沈沁玲回答。

「嗯，猜一次拳有兩種情形，猜兩次有四種情形，猜三次就有八種情形，一直猜到十次，已經會有 1,024 種情形了。」

「所以要看能贏多少錢，就是把 1,024 種情形都列出來嗎？」沈沁玲問。

涂壯竹反問：「那樣太累了啦，只需要統計出在十次勝負當中，輸和贏的次數分別是幾次，妳說有幾種可能？」

「從一次都沒贏，一直到十次都贏，0 到 10 一共有 11 個數字，是嗎？」沈沁玲對自己很沒信心，幾乎都要再問一次才能放心。

「沒錯，那妳知道這十一種可能性，在 2 的十次方，也就是 1,024 種情形中，怎麼分類嗎？」

這可就是個難題了，沈沁玲知道要畫出 10 階層的巴斯卡三角形，可是很容易出錯，因此猶豫了起來。

涂壯竹也不為難她，就打開電腦，用 Excel VBA 寫了一個程式，畫出了 10 階層的巴斯卡三角形。

```
(一般)                                    Form_Click
Sub Form_Click()
    N = InputBox("", "", 5)
    ReDim a(N + 1, N + 1), b(N + 1, N + 1)

    k = 8
    For I = 1 To N
        Debug.Print String((N - I) * k / 2 + 1, " ");
        For J = 1 To I
            a(I, 1) = 1
            a(I, I) = 1
            a(I + 1, J + 1) = a(I, J) + a(I, J + 1)
            b(I, J) = Trim(Str(a(I, J)))
            Debug.Print b(I, J); String(k - Len(b(I, J)), " ");
        Next J
        Debug.Print
    Next I
```

```
即時運算
                                        1
                                    1       1
                                1       2       1
                            1       3       3       1
                        1       4       6       4       1
                    1       5       10      10      5       1
                1       6       15      20      15      6       1
            1       7       21      35      35      21      7       1
        1       8       28      56      70      56      28      8       1
    1       9       36      84      126     126     84      36      9       1
1       10      45      120     210     252     210     120     45      10      1
```

沈沁玲佩服得五體投地，崇拜地說：「哇，前輩你太厲害了，這個程式在幹什麼我完全看不懂，我還不知道 Excel 可以這樣用。」

涂壯竹也自豪地笑了笑，接著說：「中間那個 252 就是五勝五負的情形，等於是停留在原地不動，沒輸沒贏，右邊是輸的次數比贏的次數多，按照規則也贏不到錢，所以左邊的 1, 10, 45, 120, 210 這五個數字，才是贏錢的機率。」

他吞了吞口水，又繼續說：「十次全贏的可能性只有 1 種，往前進了十步，可以贏到 100 元，九勝一負共前進 8 步，有 10 種情形，可以贏到 80 元，再來 45 種情形贏到 60 元，120 種情形贏到 40 元，210 種情形贏到 20 元。妳現在可以算算期望值是多少了。」

沈沁玲開始計算了起來：「全部的情形一共有 1,024 種，算期望值機率的分母是 1,024，分子的部份是

$$1\times100=100$$
$$10\times80=800$$
$$45\times60=2700$$
$$120\times40=4800$$
$$210\times20=4200$$

加起來一共是…」她按了按計算機，「12,600，再除以分母 1,024，大約是 12.3 元。」

「答對了，這就是價平選擇權的評價原理。」涂壯竹說道。

「等等，等等，這不是猜拳定勝負嗎？怎麼變選擇權了？」

「選擇權的評價公式就是從這裡推導出來的，叫做 Binomial Model，雖然比較簡化，但是把 N 放大以後，得出的結論和大名鼎鼎的 Black-Scholes 模型是一樣的。Binomial Model 假設股價波動只有向上和向下兩個方向，且每次向上或向下波動的概率和幅度不變。」

布萊克 - 休斯模型（Black-Scholes Model），簡稱 BS 模型，又稱布萊克 - 休斯 - 墨頓模型（Black-Scholes-Merton Model），是一種為期權或權證等衍生性金融商品定價的數學模型，由美國經濟學家麥倫·休斯與費雪·布萊克首先提出，並由羅伯特·C·墨頓修改模型於有派發股利時亦可使用而更完善。由此模型推導出的定價公式，在很多測試裡都證實足夠貼近市場價格。1997 年麥倫·休斯和

羅伯特·墨頓憑藉該模型獲得諾貝爾經濟學獎，當時布萊克已經辭世兩年，因為諾貝爾將只頒給在世者，否則布萊克應該也能得此榮耀。

「所以就是你剛才講，一半的機率向前走一步，另一半機率要倒退一步，是嗎？」沈沁玲又問了，她對這個領域很陌生，什麼事都要再問一遍。

「嗯，妳可能覺得很奇怪，那個假設好像有問題，股價波動向上或向下的概率怎麼會一樣？幅度怎麼會不變？」涂壯竹進一步地解釋：「那是因為妳習慣看 K 線，不管是日 K、小時 K 或分 K，都是由許多筆交易組合起來的，但如果妳看得是每一筆交易，就會發現絕大多數都是往上跳一檔，或是往下跳一檔，而且看起來往上或往下的機率都一樣，很難在某一個時間點上，預先判斷出下一筆交易會往上還是往下。」

沈沁玲點點頭：「真的，有時候看到連續幾筆往上走，就以為要開始拉抬了，結果一跳進去就會被套住，不跳進去它又繼續往上漲。」

涂壯竹說：「那是妳的錯覺，其實妳在什麼時候跳進去，往上或往下的機率都是一樣的，只是妳被套住的時候感覺比較強烈，賺錢的時候就比較沒感覺。這就好像妳在地上撿到 500 塊會很高興，但是妳弄丟了 500 元一定會更痛苦。如果說妳感覺兩者差不多，那就是 500 元對妳來說太小了，妳再想想老闆給妳加薪 5,000 元會很高興，但如果把妳減薪 5,000 元，大概就會想離職了吧？」

「真的耶，我完全不能接受被減薪。」沈沁玲同意地說。

「再說了，如果妳每次跳進去都會被套住，那很容易，妳每次想買的時候就按賣出，看看結果會怎樣？」涂壯竹揶揄道。

「前輩別鬧了，這樣還是一樣糟吧！」沈沁玲輕拍了一下涂壯竹。「可是這樣怎麼會跟選擇權的評價有關係？」

「妳還記得以前學過二項式定理嗎？」涂壯竹反問道。

沈沁玲開始頭大起來了。「你是說那個 a+b 的平方公式嗎？」

$$(a+b)^2 = a^2 + 2ab + b^2$$

「對，不只是平方，還有三次方、四次方…一直到 N 次方。」

「那不就是排列組合中 N 取 m 的公式？」

「不錯喲，看來面試時履歷表沒有說謊喔，我看妳三三八八的樣子，還有點懷疑妳是不是真的有大學畢業。」

「嘿，前輩，我哪有三三八八啊？」說著沈沁玲又伸手推了推涂壯竹。

這時劉強生走進了辦公室。「哇，好香的味道，是什麼呀？」通常劉強生會和潔思敏一起進辦公室，可是上個月潔思敏被邦泰證券派往上海成立辦事處，這一個月來劉強生可說是孤枕難眠。

「喔，我剛剛放了一個屁。」涂壯竹促狹地說。

「噗嗤」一聲，沈沁玲笑得眼淚橫飛彎腰趴在桌上大叫肚子痛。「哈哈哈，前輩，你真的太會搞笑了。強生說的應該是前輩那碗大腸麵線的味道吧，哈哈哈，那個屁也是經過大腸放出來的嘛！」

劉強生臉上一陣紅一陣白，完全笑不出來。「不是大腸麵線，那是香水味，」說著他又吸了一口氣。「香奈兒 N°5，沈沁玲，是不是妳？妳身上有香奈兒 N°5 的味道。」

沈沁玲擦了擦眼淚，訝異地說：「哇，你這麼厲害，在前輩的大腸麵線攻擊裡還能嗅出香水味，我是用香奈兒 N°5 潤膚沐浴乳，可是應該過一個晚上沒什麼味道了，你鼻子可真靈。」

「玫瑰就算換了名字，也依舊芬芳。香奈兒 N°5 在妳身上，就算過了一個晚上，還是耐人尋味。」

「你少把泡妞的那一套用在我身上，潔思敏才不在幾天，你就開始不安份了，連『羅密歐與茱麗葉』的台詞都搬出來了。」沈沁玲在大學時活躍於話劇社與舞蹈社，一下就聽出這是莎士比亞的名句。

「好啦，不開玩笑。」涂壯竹正色說道，把方才用 Excel 做的幾個圖秀了出來：「妳看看這幾個圖，有沒有什麼感想？」

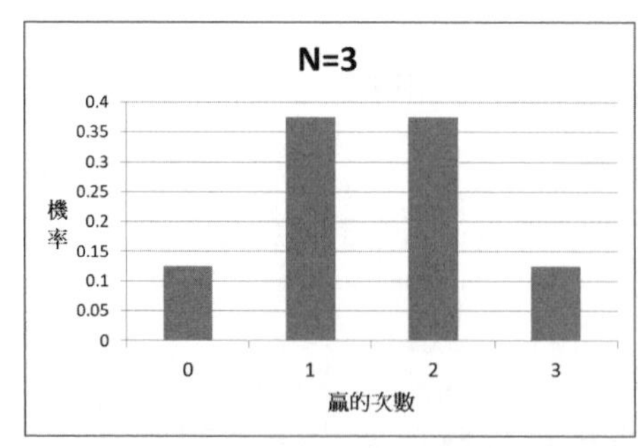

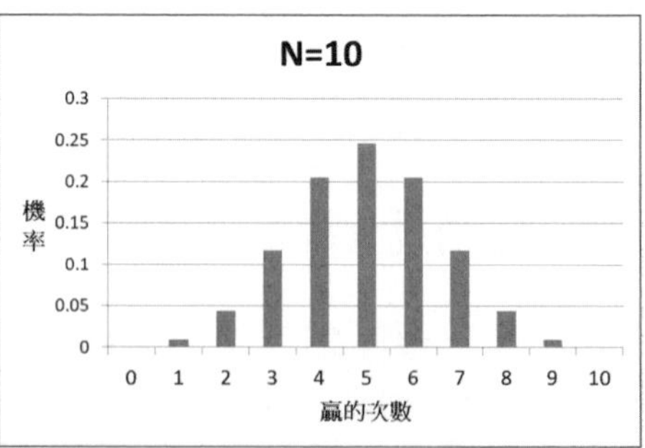

「看不出來，就中間比較高，兩邊比較低，等等，這該不會是…」沈沁玲沉吟著，劉強生倒是彷彿知道了些什麼。

「妳再看看，如果我把 N 再變大一點會怎樣？」説著涂壯竹又動起手來，另外畫了一個圖。

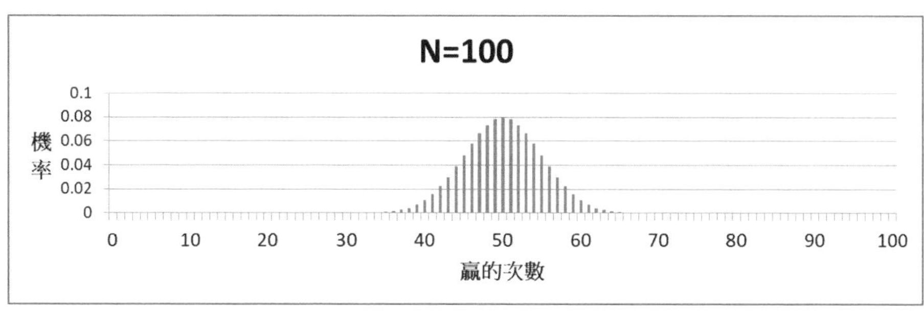

沈沁玲大叫道：「這是鐘形曲線。」

涂壯竹點頭說：「對，也就是常態分配，事實上常態分配就是從二項式分配來的，當 N 趨近於無窮大的時候，就是常態分配，早在十八世紀的時候，棣美弗就推導出來了，可是現在一講常態分配，幾乎所有人都知道是鐘形曲線，但是講二項式分配卻沒幾個人明白。」

「所以前輩的意思是説，未來股價在不同位置的機率，會符合常態分配，然後根據這個機率算出不同位置的機率報酬，得到期望值，就是選擇權的價格了。」難得沈沁玲這一次沒有再用疑問句，而是直接肯定地説出了答案。

劉強生接口了：「原來你們在討論選擇權的評價，那不是直接用 Black-Scholes 公式就行了嗎？」

涂壯竹回答：「沒錯，大家都知道 Black-Scholes 公式，可是不一定知道它背後的涵義，這樣在用的時候一知半解，直接亂套公式，常常搞不清楚裡面參數的定義，以及背後的假設是什麼。比如說那個隱含波動率，也不知道誰發明了這個名詞，其實它就代表著常態分配的標準差，如果標準差比較大，就比較可能出現大漲大跌，標準差小，出現中間平均值的機會就比較高，而這裡的平均值就是0，上漲和下跌的機率是一樣的。」

「不會啦，前輩，那是你們數學狂才會覺得用『標準差』比較清楚，一般投資人應該會覺得講『波動率』更清楚那是什麼東西吧！」

涂壯竹兩手一攤，聳聳肩說：「那就這樣吧，反正我覺得用『標準差』清楚多了。」

❖ 中午

過去一整年油價牽動著國際股市的脈絡，颶風卡崔娜在美國路易斯安那州的紐奧良造成了嚴重破壞，美國政府要求紐奧良市百萬人撤離颶風可能抵達的地區，墨西哥灣附近三分之一以上油田被迫關閉，七座煉油廠和一座美國重要原油出口設施也不得不暫時停工，紐約商品交易所原油價格 8 月 29 日開盤時每桶飆升 4.67 美元，達 70.8 美元。2006 年年初開始，由於全球經濟增長導致原油需求增加，尤其是中國等新興市場對原油的強勁需求，加上伊朗核問題等地緣政治局勢緊張，在一些投資基金的炒作下，國際市場油價節節攀昇。

油價走高促使物價攀升，打壓通貨膨脹成了美聯儲和其他國家中央銀行的首要任務，一連串的升息舉措，使市場難以保持持續已久的利率「中性水平」的假定，快速攀升的商品價格以及主要國家通貨膨脹加劇的明確信號，使投資者風險偏好發生了逆轉，對高風險資本，如股票和期貨的風險定價大幅度提高，因此選擇權市場定價所決定出來的隱含波動率也一路上揚。

可是事實上股市一邊擔憂油價會給企業的生產成本帶來負擔，另一方面卻因股票為抗通膨工具之一，價格多空拉鋸，在 2005 年的高點和低點居然相差不到 1,000 點，涂壯竹和羅美妍所採取的賣出選擇權策略獲利頗豐，已經是公司上下皆知的事情。沈沁玲雖然手頭上只有一點點小存款，卻也躍躍欲試想跟隨前輩的腳步，所以今天一大早就跑來請教選擇權定價的問題。

中午時刻，沈沁玲和劉強生一起來邀請涂壯竹共用午餐，他們不是營業單位，不必釘在報價盤前，也不用接客戶的電話，用餐到收盤後才回辦公室是常有的事。

這是一家在基隆路上的美式餐廳，正如黃副總所說的，在台北想吃什麼都有。涂壯竹點了義式起司醬雞胸，雞胸肉淋上店家自製起司醬，再放上起司歐姆蛋捲，並附上紫洋蔥、香菇和格子薯餅，雞胸肉配著起司蛋捲一起吃，美味而且口感豐富。沈沁玲點的是蔬菜羊起司披薩，上面有洋蔥、青椒、番茄、香菇、莫札瑞拉起司和羊奶起司，蔬菜的清爽綜合起司的香濃。劉強生在美國早就吃慣這些東西了，但還是覺得台灣很了不起，總是可以讓各國料理更上一層樓，他的酥烤墨西哥牛肉捲外表烤得相當酥脆，裡面滿滿熱騰騰的牛肉餡，有牛肉、起司和辣豆泥，香濃美味又帶些勁辣，在美國這樣的一套餐至少要三十美元，在台灣只要三分之一的價格就可以吃到了。

沈沁玲咬了一口披薩，濃稠的起司拉起了長長的絲線沾在嘴邊，她不好意思地抹了抹，卻發現劉強生直直盯著她看，臉一紅，趕緊找了個話題：「前輩，早上你說假設股價往上或往下波動的概率和幅度一樣，那比如說宏達電的股價在 200 元，往上漲 200 元的機率跟往下跌 200 元的機率是一樣的，可是往上漲 200 元是 400 元，往下跌 200 元是 0 元，這樣怎麼會合理呢？」

涂壯竹放下手中的食物，對沈沁玲說：「沁玲，妳知道在我眼中，妳有什麼東西可以比得上我這塊雞胸肉嗎？」

沈沁玲想起早上涂壯竹捉弄她的話，回答：「難道是我也有胸部嗎？」

「沒錯，妳變聰明了。」涂壯竹點點頭，「看在妳胸部還不小的份上，我就回答妳吧！」

沈沁玲白了涂壯竹一眼，卻有點喜滋滋的，繼續聽涂壯竹說下去。

涂壯竹並無意要吃沈沁玲的豆腐，對他而言，這只是在陳述一件事實。「妳知道什麼是效率市場假說嗎？」涂壯竹不直接給出答案，他要先確定一下沈沁玲的背景知識，才能繼續說明。

「知道啊，效率市場假說就是 efficient market hypothesis，簡稱 EMH，它是說股票價格已經充分反映所有可供運用的公開資訊。」沈沁玲有在學校學過。

「那妳知道它代表什麼意義嗎？」涂壯竹又問。

「什麼意義？不就是說市場價格永遠處在一個均衡狀態，買方和賣方各自根據手邊的資訊同意目前的市場價格，就是經濟學裡面假設所有人都是理性人，這是現代經濟學的基礎呀！」沈沁玲給出教科書上的標準答案。

「如果價格處於絕對均衡，那就再也不會波動了，因為高一檔就太高，買方不願意買，低一檔就太低，賣方不願意賣，但事實顯然不是這樣。」涂壯竹停頓了一下繼續說道。「這就像在靜止的水平面上灑下一些花粉，在顯微鏡的觀察下，會發現它呈現不規則的運動，間接證明水分子並不是處於靜止狀態，而是不停地往各個方向運動，只是平均值為 0，所以看起來像是靜止的，這個現象最早是英國植物學家布朗發現的，因而稱它布朗運動。」

沈沁玲發出「喔…」的一聲，「所以股價跳動是隨機運動，才會有早上討論那般的常態分配現象，那我懂了。可是前輩還沒說為什麼對股價 200 元的宏達電來說，出現 0 元跟 400 元的機率會一樣呢？」

「我沒有說它一樣啊，妳記不記得早上畫給妳看那個圖，當 N ＝ 100 的時候，在贏的次數小於 30 與大於 70 的地方，幾乎是看不見的？」

「對，幾乎所有的機率都集中在中間。」沈沁玲邊回憶邊說。

涂壯竹接著解釋：「那是因為兩邊極端值的標準差太大了，在常態分配裡面，百分之九十九點七的機率分配都在三個標準差以內，如果到六個標準差，就只有十億分之二，也就是五億分之一的機會不落在這個範圍內。」

「所以前輩的意思是說：對 200 元的股票來說，不管後來是 0 元或 400 元，出現的機率都幾乎是零嗎？」沈沁玲繼續追問確認。劉強生此時彷彿要說些什麼，卻沒有開口。

涂壯竹說：「差不多是這樣，但出現 0 元跟 400 元的機率確實不可能會一樣，妳想想看，那往上漲 300 元到 500 元，與往下跌 300 元到負 100 元的機率更不可能一樣，因為無論如何不會出現負數，頂多就是公司破產下市，市值歸零，股東不可能還須要額外貼錢替公司償還債務。」

沈沁玲說：「對呀，這就是我要問的問題。」

涂壯竹轉移了一個話題：「妳知道效率市場假說是誰提出來的嗎？」

沈沁玲搖搖頭說：「我忘記了，總之是個很有名的人物。」

劉強生接口道：「是薩繆爾遜，1970 年的諾貝爾經濟學獎得主。」

沈沁玲一拍手說：「對啦，我就記得是一個很有名的人。」

涂壯竹卻搖搖頭說：「薩繆爾遜是最大力的推廣者，但最早不是他提出來的，早在 1900 年有一個法國人，叫做巴舍利耶，他發表的博士論文裡就把股票市場買賣行為，比喻為液體懸浮粒子的隨機運動，也就是布朗運動。愛因斯坦在 1905 年透過數學方式解釋布朗運動，是一篇很經典的論文，但巴舍利耶實際上在更早的五年之前就在博士論文內寫了。後來巴舍利耶把他的博士論文出版成書，書名是『投機理論』，但這本書並沒有引起太多注意，直到統計學家薩維奇研究機率歷史時才重新發現這部著作，然後寄了明信片將相關事蹟介紹給十幾位他認識的經濟學家，這時薩繆爾遜才知道了巴舍利耶的研究，並得以根據巴舍利耶的研究，把所有資料整合成為均衡的架構。1965 年，薩繆爾遜引用巴舍利耶的概念，出版了有關效率市場的論文，而且提出自己的證明，然後在 1970 年得到了諾貝爾經濟學獎，要不是說諾貝爾獎不頒給死人，不然巴舍利耶才應該得到這個獎項。」

劉強生是美國芝加哥大學畢業的，薩繆爾遜簡直就是該校經濟系的神主牌，他沒有聽過巴舍利耶這個人，此時感到很不是滋味。

涂壯竹接著說：「薩繆爾遜對巴舍利耶理論最重要的改良，就是把它由上下跳動固定幅度的機會一樣，轉換成上下跳動固定比例的機會一樣，也就是說，早上我們不是假設它往上下跳動一檔的機率一樣嗎？現在變成上下跳動 0.1%，或是切更細變成 0.01% 的機率一樣。」

沈沁玲說：「對嘛，我就想說同樣是跳動一檔，股價 200 元跳動一檔是 0.5 元，股價 20 元跳動一檔就只有 0.05 元，這樣要怎麼算才對，如果轉換成比例的話就說得通了。」

「不只這樣，」涂壯竹說：「如果轉換成比例以後，妳想想看，200 元往上漲 10% 是 220 元，再漲 10% 是 242 元，漲的速度會愈來愈快，往下跌 10% 是 180 元，再跌 10% 是 162 元，跌的速度會愈來愈慢…」

「所以說…」沈沁玲似乎明白了什麼。

「沒錯，」涂壯竹不等沈沁玲說完，「就是妳想的那樣，腰斬腰斬再腰斬，不管怎麼腰斬都不會歸零，因此更不可能出現負數，這樣就解決妳的問題了。」

• 晚上

這天沈沁玲下班後匆匆去健身房鍛鍊了一會兒，然後期待著窩在公寓裡舒服地吃頓晚餐，看一些不用大腦的電視節目。當天早些時候，劉強生曾邀請她晚上一起去一個酒吧玩，但是沈沁玲真的不想去，尤其是跟劉強生。這時電話又響起來了，劉強生堅持要去接她，最後她不情願地去了。

這是一間隱身於台北東區巷弄的 Pub，霧面玻璃微微透著店內的燈光，低調簡約的外觀，非常放鬆舒服，一分為二的空間，一邊是純黑長型吧台，擺放了各式基酒，一邊是舒適簡約的餐酒空間，大小不一的沙發區域，可以舒服地談天用餐。劉強生點了一杯招牌調酒，各式琴酒、威士忌、伏特加與水果相搭出曼妙的滋味，沈沁玲只是喝著氣泡水，她可不想給這個心目中的登徒子任何機會。這時劉強生開口說話了：「沁玲，妳最近對選擇權有興趣呀？」

沈沁玲可沒有放下戒心。南部人講話向來就直，不像台北女孩有那麼多心思，明明討厭得要命卻總是留三分餘地，她直接回問：「怎樣？」

劉強生在美國長大，正好也是直來直往的個性。「不要這麼衝嘛，我是看妳一整天都在研究選擇權定價的問題，想說有些東西要提醒妳一下，又沒有惡意。妳不想聽，我就送妳回去好了。」

沈沁玲也覺得自己好像太過火了，而且她也想知道劉強生有什麼話要說，於是回答：「我可不想潔思敏回來，發現你趁她不在找我喝酒，到時候不怪你，反而把氣出到我身上。」

「哈哈，妳以為我對妳有意思啊，也對啦，妳確實很迷人，可是妳們台灣女孩很矜持，尤其是南部女孩，向來都不假顏色，我才不想擁抱一隻刺蝟哩！」劉強生一邊說沈沁玲迷人，又一邊說她帶刺，沈沁玲都搞不清楚是稱讚還是批評了。

沈沁玲說：「你以為想抱就抱得到呀，刺蝟的刺只有在遇到敵人的時候才會豎起來，你想亂來，當然就會扎得哇哇叫囉！」

劉強生連忙搖手。「不敢不敢，我怎麼可能是敵人呢，大家是同事朋友，我才想提醒妳一下，不管是二項式分配，或是常態分配，用在選擇權的評價上都有很大的問題，可以搞倒一家國際知名的大公司，連許多國家的中央銀行都受了傷，不能不小心啊！」

沈沁玲這時有興趣了，追問道：「是哪一家？怎麼回事兒？」

劉強生慢慢地說：「LTCM，長期資本管理公司，聽過嗎？」

LTCM（Long-Term Capital Management）成立於 1993 年，經營團隊包含天才交易員梅利威瑟 (Meriweather) 和知名學者莫頓 (Merton) 與休斯 (Scholes)，性質上屬於避險基金，在當時是很火紅的一種投資結構，主要原因是它大量地運用衍生性金融商品，懂得的人不多，時常有定價錯誤的現象發生，監管單位也無相關法令控管，在稅法上佔有很大的優勢。

沈沁玲說：「知道啊，可是它不是因為俄羅斯政府倒債才掛掉的嗎？跟選擇權有什麼關係？」

當年 LTCM 大量進行對沖套利的操作，比如說 LTCM 發現美國 30 年期公債發行的時候通稱為當期債券，流動性比較好，市場報價的利率會比較低（價格較高），但只要半年後有新債券發行，利率就會上升（價格下降），如果說利率是對借款人的風險評估，那豈不是說美國政府在 29.5 年到 30 年之間的違約風險不一樣了？這不合理，所以 LTCM 進行了大量的這一類買低賣高的操作，不只是美國國庫券，還有海外各國債券的對沖、國庫券與州政府債券的對沖、歐盟各國貨幣的對沖，LTCM 利用財務工程技術計算出：同時買進高利率債券並賣出低利率債券的風險，只有單純單一債券的 1/25，經槓桿調整之後，可以在相同風險之下得到更高的報酬率。

但是當俄羅斯政府在 1998 年 8 月 21 日宣佈債券違約之後，所有的風險性資產突然都被棄如敝屣，投資人瘋狂追買美國當期的國庫券，所有的信用利差都進一步擴大，讓原本價格相對較高的金融商品更加飆漲，價格低的商品更加暴跌，結果 LTCM 因為持有大量相反的對沖部位，虧損遠操過資本額，後來美國政府出面紓困，但過沒多久公司就被清算了。

劉強生說道：「我不是要說 LTCM 是因為操作選擇權才垮台的，是因為小機率事件，並不是像常態分配理論中說的一樣，幾乎不可能發生。」他拿起酒杯搖一搖喝了一口，又接著說：「中午涂壯竹不是說，六個標準差以外的事件只有五億分之一的機會發生，妳知道 LTCM 的教授們推算，它破產的可能性是幾個標準差嗎？」

沈沁玲不知道。「幾個？」

「七個，是發生機率只有一兆分之一的事件。」劉強生答。

「真的？那他們還真是倒霉。」

「不是倒霉，那個模型根本就有問題，它的假設本身就有問題，它假設上一次事件跟下一次事件之間是不相關的，在往上之後，下一次跳動有可能往上，也可能往下，反之亦然，但事實上當漲跌幅達到一定程度之後，這些看起來獨立的事件會產生相關性。例如當跌幅達到兩成，融資押滿的人就開始會被強迫斷頭賣出，這股賣壓又會讓股價繼續下跌，結果多放兩成資金的人又會被斷頭，接著是多準備五成資金的人被斷頭，這個時候大家不知道會跌到哪裡，就算資金充足也因為害怕虧損而爭相賣出，結果就出現預言自我實現的狀況，所有人都賣，沒有人要買，價格就真的崩盤了。」

沈沁玲嚇了一跳。「是喔，那選擇權評價公式的基礎不就有問題了？」

「是有問題呀，大部份的時間價格穩定，看起來真的像是隨機跳動，可是極端事件發生的機率沒那麼小。妳想想看，每隔幾年就會看到一次崩盤，1987 年的黑色星期一，道瓊指數單日跌幅達到 29%，90 年代日經指數從接近四萬點滑落到一萬點，1994 年墨西哥發生了一場比索匯率狂跌、股票價格暴瀉的金融危機，1997 年有亞洲金融風暴，2000 年有網路泡沫，根本就不是什麼『不可能』發生的事情。」

沈沁玲本來還想反駁些什麼，但是話到嘴邊又縮了回去。她本來想說：「那教科書上教的理論都是錯的嗎？」可是想到莫頓與休斯同為諾貝爾經濟學獎得主，共同推演出的 Black-Scholes-Merton 公式是選擇權定價權威，可是由他們主持的 LTCM，卻逃不過被清算的命運。看樣子經濟學這門學科，真的還只是在根基不穩的發展中，而她自己身為經濟系的畢業生，似乎也不知道還能掌握些什麼。

董事長之死

他們是在澎湖馬公本島北方，一個荒涼的海灘上，找到吳董的。他的屍體被潮水沖到了岩石縫中，夾在那裡，始終沒有漂走。

那時劉強生和潔思敏一起相約到這個台灣海峽最閃耀的明珠，本是一段浪漫的假期，但劉強生突然接起一通陌生號碼的來電，是董事長夫人打來的，說道吳董獨自一人也去了澎湖，卻失去聯繫，請劉強生向當地警方報案協尋。由於事關重大，警方調閱了從機場開始的監視影帶，查出吳董最後現身地點在跨海大橋附近，隔天澎湖海巡就打電話來了，說是在西嶼發現一句浮屍，叫他去確認。潔思敏說什麼也不願意去，劉強生只好自己硬著頭皮前往。

到現場一看，一具屍體已經讓海水泡得全身都烏黑腫脹，衣服都撐破了，手腳給魚群咬得稀爛，傷口的地方被海水泡成了白色，一個一個的小洞白裡透紅，幾公尺外就聞到一陣腐屍的惡臭，熏得人直要作嘔。但劉強生認出了那件破爛的衣衫是公司的制服，他簡直不能想像，躺在地上那個龐大的怪物，就是公司裡高高在上的吳董。

吳董之死引起了公司裡一陣騷動，金融界也為之震驚，誰也想不到好好的一個人，怎麼會這麼想不開尋了短見。但仔細回想起來並不是完全無跡可尋，邦泰證券這幾年的經營一直很艱難，由於證券下單電子化普及，各家券商不斷關閉分點，裁退第一線的營業員，省掉營運與人事成本，並給客戶大額的手續費折讓，六折已經是基本的成數，面對交易量大的客戶，甚至打出了三折或是更低的折扣，邦泰證券本來就只有一個營業據點，底下的營業員也不多，不能在營運成本上更精簡了，手續費的折扣競爭贏不了對手，客戶不斷流失，這幾年一直想朝財務工程的專業上發展，可是國際金融陸續爆發了次貸危機、連動式債券弊案與金融海嘯危機，面對客戶的索賠，主管機關監管愈趨嚴格，公司的聲譽也受到不小打擊，邦泰證券連年虧損造成不小的資金缺口，母公司邦泰人壽已經打算收掉這個爛攤子，對吳董來說，中年失業與投資虧損的雙重打擊逼得他走上了絕路。

兩年前公司派潔思敏到大陸成立辦事處，本來以為政府很快會開放證券業到大陸設點，可是由民進黨前主席施明德發起的「百萬人反貪倒扁」紅衫軍行動，讓當時的陳水扁總統民調落到了 16%，根本無法推行任何政策，每一步都會被拿來大做文章，視為是貪污黑錢的手段。尤其是民進黨本身台獨的基本教義派大放厥詞，說是要成立台灣國，連國旗與國歌都有了，更是挑動對岸的敏感神經，協商的動作幾乎停擺。雖然此時大陸的證券市場蓬勃發展，並批准了高盛、瑞銀與瑞信等外資與大陸企業共創合資證券公司，然而對台灣券商卻完全沒有好臉色看。

去年的某一個下午，吳董找來了涂壯竹和劉強生一起到辦公室裡，商討公司要成立衍生性金融商品部門，發行權證並成為造市券商一事，既有的經紀市場萎縮，又無法再砍成本，即使時機不佳，也只能孤注一擲再開拓新事業。

吳董屬意由涂壯竹來領導，問起他的看法。涂壯竹說：「這當然是一件好事呀，而且時機剛剛好，這兩年領導券商的權證發行量萎縮，主要是因為權證退稅法案遲遲不能在立法院通過的緣故，像去年2006年的發行總數只有1,123檔，前年2005年更只有876檔，相較以往萎縮了五成以上，市場早就期待久旱逢甘雨了，現在法案已經排進議程，應該這一兩個月內就會通過，恰是切入的好時機。」

吳董點點頭：「我也是這麼想，劉強生有什麼看法？」

劉強生雖然懂財務工程，但對於市場現狀卻不熟悉，他反而問起了「權證退稅法案」是怎麼一回事。

涂壯竹解釋道：「券商發行權證的時候，為了怕市價走高，突破履約價太多，手中如果沒有足量的現股，會有帳面上的虧損，因此有避險的需求，事實上這也是主管機關的要求之一，如果券商為了貪圖收取權利金而濫發權證，沒有做好足夠的避險，可能影響到經營的健全性，當券商經營不善，對投資人的保障也會降低，這不是大家所樂見的事，所以規定券商內部都有稽核單位，在風險不對稱的時候會發出警告，要求自營部門提高發行標的之持股。」

吳董點頭示意他繼續說下去。

「可是如果提高了標的股的部位而市況不佳，這些原本是用來避險的部位就會產生虧損，這應該是屬於券商發行權證的成本，可是財政部對這個議題視而不見，只針對券商發行權證時的權利金收益做課稅，卻不讓券商把避險部位做為成本扣除，反過來如果市況好而避險部位有獲利，卻又要券商認列為收入來課稅，這樣很不公平，財務報表上的波動幅度也會變得很大，而事實上發行權證的收益跟避險部位的成本應該是互相抵銷，才符合經營現狀。經過券商爭取多年，才有了權證退稅法案。」

劉強生非常訝異：「這個在美國早就是行之有年的常理了，台灣怎麼會拖這麼久還不能完成立法呢？」

涂壯竹回答：「權證退稅法案倒是早就提出來了，券商跟財政部的爭議點在於是否溯及既往。」他轉頭面對劉強生：「你也知道，從 2000 年網路泡沫以來，股市價量俱跌，券商不僅是經紀業務發生虧損，自營部位也損失慘重，其中有一部份就是發行權證的避險部位所造成的，像元大證券跟寶來證券這幾個領頭券商，更是指望能認列這部份虧損，退回溢繳的所得稅，來減少帳面的紅字，結果財政部不肯同意，雙方僵持不下，才會一拖再拖。三年前在立法院就已經進入二讀了，誰想得到現在還沒通過。」

吳董接話：「是呀，後來券商公會發起消極抗爭拒發權證，沒有權證市場，就沒有避險的證券市場，兩個市場一起萎縮，股市的成交量也縮小了，雖然券商因此少了手續費收入，但財政部也少了證券交易稅，等於拚著犧牲自己一隻『馬』，來換對手一隻『車』，我們是券商公會的成員，總不能違反大家的意見自己偷跑，現在曙光就要出現了，先準備好，等槍響就馬上開跑。」

吳董畢竟是事業的經營者，想法總是要超前底下員工好幾步，他看的是大方向，平日裡想的都是經營策略，而涂壯竹和劉強生雖是得意助手，但只要把老闆交待的事情處理好就行了，至於要做什麼事情，還是都看老闆的臉色。其實身為經營者的壓力不小，底下幾十張嘴都靠他吃飯，如果經營不善給不出好的福利，員工可以跳槽，另謀高就，老闆就只能面對既無巧婦又無米的窘況了。

這幾年大環境不友善，讓吳董已經是心力交瘁，髮際線不斷往後移，額頭上的皺紋深刻了很多，鬢邊的頭髮也愈趨花白，這年頭五十幾歲應該還算是壯年，但在吳董身上卻已經出現老態了。幾年前的總統大選押注錯邊，全力支持的連宋配敗選，民進黨連任執政之下，跟主管機關的溝通總是不順暢，眼見人家一下子複委託、一下子連動債、一下子海外儲蓄險、基金與代操業務都得心應手，邦泰證券卻老是被要求補件補資料，動不動就來個稽查，彷彿成了示範單位一般。

國內的市場不行，就想說可以在大陸市場開放時搶佔先機，結果成立的辦事處卻毫無建樹，成了一個燒錢的單位，此時放棄又有如吞不下的雞肋，食之無味，棄之可惜，倒是連累劉強生和潔思敏成了牛郎與織女，好幾個月才能見一次面，也難得這兩人居然仍維持著情侶關係。

這時吳董問涂壯竹：「聽說你老婆在營業部開了一個戶，專門做選擇權賣方，獲利很好？」

涂壯竹不好意思地回答：「沒有啦，前兩年確實還不錯，後來我看選擇權市場的隱含波動率降下來了，價格不好，已經叫我老婆不要再做了。」年輕時涂壯竹很敢衝敢冒險，但隨著年紀增長，小孩已經快要中學了，家中各項大小事都要用錢，涂壯竹反而愈趨保守，這兩三年來，羅美妍的賣出選擇權策略已經把他在宏達電權證上的虧損都補回來了，甚至還有一點小盈餘，但是他卻叫羅美妍收手，暫時只打算好好在工作上求表現，能有一份穩定的收入就是幸福了。

吳董又問：「幾年前你買了不少宏達電的權證，後來都虧掉了，要是宏達電早一點推出自有品牌的智慧型手機，股價早個一年開始飆漲，那可是會有幾十倍的獲利喲！」

涂壯竹苦笑了一下，「早一年恐怕還是跟不上，2002 年宏達電掛牌的時候股價約 200 元，我是在那一年底跌到 120 元的時候買了權證，履約價是 200 元，權證的期限是一年，結果一直到 2004 年，宏達電都還回不去當初掛牌時的價格，等到 2005 年才開始漲，年底到了 600 元以上，去年更是一度漲到 1,200 元，是二十年來台股首見突破千元的個股。現在說都是事後諸葛了，如果我像黃副總一

樣買的不是權證，而是現股，雖然可預期的獲利不像權證那麼誇張，但至少穩當多了。」

吳董感到很有興趣，又問道：「聽你說過買宏達電權證的時候，隱含波動率是 60%，後來你賣出期貨的選擇權，隱含波動率卻不到 30%，這實在很有意思，比較貴的宏達電權證你願意買，比較便宜的期權你卻跑去賣，怎麼會做這樣的決定呢？」

涂壯竹一時答不上話來，劉強生卻接口了：「這是不一樣的商品。期貨背後的標的是加權指數，而加權指數是集合了所有上市公司的權重來計算的，具有分散風險的作用，也就是說波動幅度比較小，因此合理的隱含波動率沒那麼高，所以 60% 隱波的宏達電權證可能算便宜，但是 30% 隱波的期權卻太貴了。」

見吳董還在思考這其中的道理，劉強生進一步解釋：「比如說有一檔股票，每一季不是賺 20%，就是賠 10%，機率是一半一半，另外有第二檔股票的漲跌機率與報酬率跟第一檔股票一模一樣，但是跟前一檔股票的漲跌沒有關係，兩者的漲跌各自獨立。」

他一邊說一邊在紙上計算了起來：「二分之一的機率往上漲 20%，二分之一的機率往下跌 10%，那期望值就是 5%。」

$$\frac{1}{2}\times 20\% + \frac{1}{2}\times(-10\%) = 10\% - 5\% = 5\%$$

「不管漲或跌，跟期望值的距離都是 15%，所以標準差就是 15%。」

$$|20\% - 5\%| = 15\%$$
$$|(-10\%) - 5\%| = 15\%$$

「可是如果各投資一半的話，每四季平均下來有一季兩檔股票都會漲，有一季兩檔股票都跌，有一季是第一檔股票漲而第二檔股票跌，最後有一季是第一檔股票跌而第二檔股票漲。總報酬率是兩者各自的報酬率，乘以二分之一再相加…」說著劉強生畫了一個表格。

<table>
<tr><td colspan="2" rowspan="2">總報酬率是兩者各自的報酬率，乘以持股比例之後再相加</td><td colspan="2">第一檔</td></tr>
<tr><td>漲（20%×0.5）</td><td>跌（－10%×0.5)</td></tr>
<tr><td rowspan="2">第二檔</td><td>漲 (20%×0.5)</td><td>20%</td><td>5%</td></tr>
<tr><td>跌（－10%×0.5)</td><td>5%</td><td>－10%</td></tr>
</table>

接著劉強生繼續說：「有四分之一的機會獲利 20%，二分之一的機會獲利 5%，最後有四分之一的機會虧損 10%，那麼期望值還是 5%。」

$$\frac{1}{4} \times 20\% + \frac{1}{2} \times 5\% + \frac{1}{4} \times (-10\%) = 5\% + 2.5\% - 2.5\% = 5\%$$

「可是標準差就會變小了。」劉強生繼續計算：

$$\sqrt{\frac{1}{4} \times (20\% - 5\%)^2 + \frac{1}{2} \times (5\% - 5\%)^2 + \frac{1}{4} \times (-10\% - 5\%)^2} = 10.6\%$$

劉強生按了按計算機，把答案寫在紙上。「這樣只用兩檔股票所做成的投資組合，在期望報酬率同樣是 5% 的條件之下，就把標準差由 15% 降到了 10.6%，這邊僅是舉兩檔持股的組合來當例子，如果納入投資組合的標的愈多，標準差就愈低。而全市場最大的投資組合就是指數，因為它納入了所有的標的。」

吳董雖然很久沒有做數字計算了，但他畢竟是學統計出身的，很快就明白了劉強生所要表達的意思。他馬上就接著說：「那麼如果我們發行以指數做為標的之權證，是不是被履約的機率就降低很多了呢？」

涂壯竹回答：「這麼說是沒錯，可是期貨交易所發行的選擇權已經完全吃盡這塊市場了，各個履約價的商品都有，交易成本很低，流動性好，也有遠期的選擇權，證券商很難跟期貨商競爭。」

劉強生想了一想說：「雖然指數的選擇權已經被期貨市場所覆蓋了，但是我們可以發行組合型的權證，例如以宏達電和聯發科為標的的權證，每張權證在履約時可以換發 500 股的宏達電與 500 股的聯發科，或是其它市場關注的商品組合，這樣就能吸引市場的目光。我們剛才算過，只要有兩檔股票做組合，就能很有效的降低波動性了，但一般投資人只會注意到標的股是否為熱門股，卻沒想到不同個股之間的漲跌幅會有互相抵銷的效果，因此還是可以用不錯的價格銷售出去。」

吳董一拍桌子說：「沒錯，就這麼辦，設計商品的事就交給劉強生去處理，涂壯竹你跟營業部門合作銷售，好好把這一塊市場弄起來。」

涂壯竹和劉強生兩人同聲說道：「是，吳董。」

2007年6月14日立法院終於三讀通過爭議超過十年的權證退稅法案，證券商發行權證的避險損失未來可以扣抵費用，不僅可大幅降低證券商發行權證成本，也提升券商發行權證意願，根據券商自行估算，在退稅利益回沖部分，以元京證的10億元最高，寶來證9億元緊追其後，大華、群益、元富、富邦、中信證等也都有數億元之譜。雖然與券商期待的追溯到以前有些落差，但邦泰證券本來就是首次成為發行券商，因此沒有這個包袱。

權證發行檔數與金額一覽表

年度	上市權證		上櫃權證		合計	
	發行檔數	發行金額	發行檔數	發行金額	發行檔數	發行金額
2005	788	307	88	40	876	347
2006	943	268	180	45	1,123	313
2007	2,708	726	850	187	3,558	913
2008	3,773	997	607	115	4,280	1,112
2009	6,120	1,223	1,116	184	7,236	1,407

資料來源：證券交易所、櫃檯買賣中心

邦泰證券所發行的第一檔組合型權證以宏達電和聯發科為標的，這兩檔股票在當時都是大熱門股，投資人趨之若鶩，心裡想著一次可以買到兩檔飆股，不管是哪一個漲，對持有權證者都是有利的，而且發行時的隱含波動率居然只有50%，對比其它券商所發行的權證，以價格換算隱含波動率動輒都要60%~70%，有些券商像是寶來證券，更是常常定價高達80%以上，所以首檔發行的權證銷售狀況確實不錯，吳董也很高興找到一塊利基市場。

接下來的一年裡果然如劉強生當初所預料的，宏達電的股價不斷高升，但是聯發科的股價卻往下跌，兩相抵銷之下，大幅降低了邦泰證券調整避險部位的成本。按照劉強生的計算，用兩檔股票做成投資組合，震盪幅度的年化標準差會由 60% 降到 40%，邦泰證券以 50% 的隱含波動率定價來發行權證，事實上還是很有賺頭。

但是邦泰證券沒有料到的是：其它券商一發現這種做法有利可圖，立刻就跟進了，而且發行的權證更是五花八門，有用太陽能股組合 LED 股的節能題材、用鋼鐵股和塑化股組合的傳統產業權證、銀行股和證券股組合的金融業權證，甚至還有上限型權證、認售權證，以及從香港市場取經回來的牛熊證。這些都是市場上所未見過的新商品，剎時台灣權證市場百花齊放，恰好當時美國爆發次貸危機，也有許多投資人看空市場走勢，各自都挑選自己所中意的投資商品，邦泰證券因為資本額小，能夠發行的權證金額有限，反而成為市佔率不足的犧牲者。

當時寶來證券在衍生性金融商品的區塊上是領頭羊，所發行的權證往往都能以高價銷售一空，涂壯竹和劉強生一直想不透，為什麼自己所發行的權證，明明定價比較低，銷售狀況卻一直不好，往往發行一萬張，最後還有五千張在公司的帳面上乏人問津。

原來投資人在購買權證的時候，除了考慮買進價格之外，更重要的是能不能在次級市場賣出去，不管是獲利了結，或是停損出清，有一個好的次級市場，能夠用好的價格賣出去，才是他們真正關注的事情。例如說若有一檔權證掛在市場上的報價是賣價 5 元，買價是 4.5 元，表示買進之後要再賣出，就必須損失 0.5 元，這就是造市者所收取的費用。當然了，隨著標的股的價格升降，市場上的報價也會跟著起伏，而這個報價通常就是發行券商所掛出來，雖然沒有強制規定，不過發行券商自己必須擔負造市的責任，是一般的默契。（2013 年證券交易所頒佈『認購（售）權證流動量提供者作業要點』之後，始成為強制規定）

發行券商會依照自己的避險成本與市場狀況，掛出委買與委賣的價格，這個價格又會隨著標的股的股價跟著移動，通常的情況下，券商就是以固定的隱含波動率去換算出合理的價格，但有些券商為了美化帳面數字，會無預警的更動據以提供報價的隱含波動率。而邦泰證券的資本額小、避險成本高，又接連發生虧損，所以報出來的買賣價差比往往比其它券商來得差，所以發行的權證逐漸不受市場青睞。投資人不在乎買的時候隱含波動率高，只要該檔權證的市場報價能維持高隱含波動率，他們就願意買，而隱含波動率低的商品，除非是放到履約日，不然並沒有優勢，而絕大多數的投資人都只想要賺取價差，鮮少有是為了履約而買進的。

要觀察一檔權證的流動性好不好，它的發行券商有沒有認真在擔負造市者的責任，除了看它隱含波動率的歷史之外，最好的觀察指標就是「買賣價差比」，如果這個比例小，表示發行券商願意以較高的價格收回自己發行的權證，投資人就不用怕買了會賣不掉。從經驗中投資人也會知道哪一家券商發行的權證不用擔心賣不出去的問題，所以在初掛牌上市的時候，就會願意接受比較高的承銷價，換成選擇權的術語來説，就是比較高的隱含波動率。

買賣價差比 =（委賣價－委買價）/ 委賣價

邦泰證券就是沒有注意到這一點，單純以財務工程的計算來定價，自認為找到切入市場的利基點，卻不曉得主力券商是以維持市場價格來吸引投資人，有人買，當然就能定高價。不過以邦泰證券的規模來説，即使知道了，也沒有辦法做好發行券商應扮演的造市者角色，結果很快又落入「市場萎縮、虧損擴大」的套路了。

説起來這也是小券商的悲哀，它們的分點少、資本額低，能承作的業務也受到很大的限制。其實以母公司邦泰人壽的規模來説，只要願意挹資，還是可以救起邦泰證券，但是從 2000 年的網路泡沫之後，證券市場已經不景氣好多年了，龍頭券商都拚命地裁撤據點與人員，業務也不斷萎縮，邦泰人壽自然不願意在這個時候認真經營證券市場。

對大券商來説，真正的利基市場已經不再是傳統的經紀與承銷業務，反倒是銷售各種新興的金融商品才是主要的獲利來源。例如海外的儲蓄險，每銷售一百萬元，銷售人員可以得到一萬元的獎金，公司還能有一萬元的獲利，在低利率的環境之下，銷售的狀況還好得很呢！其它如連動債、海外信託基金…等，都是利潤極高的金融商品，尤其是許多台商在大陸賺取人民幣，因此當時盛行以人民幣為標的之「目標可贖回遠期契約（Target Redemption Forward，TRF）」，中央銀行將其分類為選擇權商品，其本質是商品發行者與投資人之間對賭未來匯率方向，它更是高毛利率且市場規模大，但是國內只有三家持有外匯執照的證券商可以銷售，形成了大者恆大的不公平競爭狀態。

邦泰人壽自己的商品，常常也是交給其它龍頭券商銷售，絲毫沒有因為邦泰證券是子公司，就有比較好的銷售條件。吳董到母公司進行業務會報的時候，已經不只一次被問到是否應該結束邦泰證券的營業，但是他已經投注這麼多年的心血，如何能說斷就斷呢？

屋漏偏逢連夜雨，接著就出現了金融史上重大的交易弊案。報紙上斗大的標題寫著：「證券營業員監守自盜！」

其內容為：「邦泰證券魏姓營業員自 2006 年 8 月至 2007 年 9 月間，長達兩年涉挪用客戶款項及與客戶有異常資金往來，受影響客戶數仍在調查，目前已知被挪用款項至少五千萬元，且跟客戶資金異常往來超過一千萬元，邦泰證券恐遭金管會處以新臺幣一千萬元以上的罰鍰。

金管會表示，魏姓營業員有三大手法，第一招是藉著為客戶理財為由，將款項轉入期貨保證金專戶，作為賣出選擇權與期貨交易之保證金，補貼投資損失，並有部分款項挪為自用。第二個手法是，與所經管客戶有異常資金往來，以補貼其他客戶投資虧損，或墊付所挪用其他客戶的款項。第三招是，未確實瞭解客戶的需求適合度、向客戶承諾有一定獲利，及該行法令遵循等內部控制制度功能亦未能妥適發揮等狀況。」

這件事是魏碧如惹來的，她在來邦泰證券以前，就曾經在多家券商待過了。證券業中不管是營業員、研究員或基金經理人，跳槽是家常便飯，哪邊開出的福利好、獎金高，從業人員馬上就會跳槽。在其它行業裡可能還會有所謂的忠誠度：「我以前的老闆對我很好，公司教會我許多東西，我的客戶都是靠公司招牌招攬來的，我不能對不起老東家…」很抱歉，在證券業裡根本沒有這回事兒，對老東家忠實，不但得不到尊重，甚至於會被認為是不求上進，常常到外面轉一圈回來，職位與薪資還能翻上好幾番。

魏碧如就是這樣跳來跳去，最後轉到了邦泰證券，看中的就是邦泰證券開出的獎金比例高，反正她的一票老客戶都是跟著她跑，不用擔心公司規模小會影響到她的業績。可是自從網路泡沫以後，證券市場的成交量不斷萎縮，股市多年來如一攤死水，價格不上不下，許多老客戶都不再下單了，她的業績縮水，獎金也就沒有了，只能靠底薪生活，這個在各行各業的業務部門幾乎都是一樣，提供高獎金比例的公司，底薪就少，提供高底薪的公司，業務獎金就不會高，這時她想要再跳槽到底薪高的公司，卻碰上大家都在縮點裁員，哪裡還有什麼機會呢？

魏碧如雖然不懂期貨跟選擇權，但是看著涂經理夫人，羅美妍，這幾年來靠著一招賣出買權加上期貨避險，著實賺了不少錢，她一咬牙也跟著操作起來，而且不是用她自己的帳戶，畢竟從業人員受到限制太多，因此她是用客戶的帳戶操作。這就是邦泰證券內部的稽核出現問題了。上級監督單位嚴格要求營業員不能代客戶操作，但是魏碧如的老客戶對她非常信任，大約有十來個客戶都是請她幫忙操作，這已經違反證券交易法了，可是公司沒有察覺到這顆隱藏的定時炸彈。

2007 年 4 月美國第二大次級房貸公司新世紀金融公司破產，此一事件被標記為「次貸危機」的開始。次級貸款（簡稱次貸）是指借款人信用不好的貸款。21 世紀初美國房地產市場持續走高，借款人信用不好的人也能獲得貸款。金融機構把錢借給那些能力不足以償清貸款的人，然後把這些房屋抵押貸款做成衍生性金融商品，打包分割出售給投資者和其他的金融機構。負責評級的信用機構不負責任地將這些債券評為 AAA 級，而買家也以為自己可以透過信用違約交換契約 (Default SWAP) 等手段規避風險，在層層包裝轉賣的情況下，鏈條上的機構都低估了風險。

當美國房價開始下跌時，次級貸款開始大量違約，那些住房抵押貸款證券失去了其大部分的價值，造成許多金融機構資本適足率大幅下降，美國主要的房屋貸款公司房利美（Fannie Mae）與房地美（Freddie Mac）都開始停止展延房屋貸款，借款人還不出錢來只好倒債賣屋，房價又進一步下跌，導致次級房貸成了燙手山芋，無人接手。股市投資人信心崩盤，加權指數從 7 月 24 日的 9744 點，到 8 月 17 日已經跌到了 8090 點。

這期間魏碧如採取賣出買權的策略，先在高價放空買權，等到股市下跌再以低價回補，一開始還真的有一段美好的時光，客戶賺到錢很開心，她自己的業績也上揚，邦泰證券更是視她為「超級營業員」。魏碧如心想：全世界的新聞都在報導次貸危機不知何時終了，資本額不足的金融企業只會每況愈下，國內的銀行也投資了不少部位在次級房貸市場，看樣子不倒個幾家銀行不會結束，於是當 9 月期貨一開倉，她就重重押注賣出價平的買權，沒想到 8 月 20 日加權指數上漲了 425 點，她的重倉部位立刻爆出鉅額虧損，面臨要補足保證金的問題，她心想這只是一時的反彈，心一橫，就把客戶交割銀行裡的錢拿去補到期貨保證金專戶。接著在 8 月 24 日指數又漲了 239 點、8 月 30 日漲了 127 點、8 月 31 日漲了 210 點，至此加權指數已經漲了一千點了，魏碧如再也無計可施，紙終究是包不住火，事情就爆發了。

魏碧如的操作方式就是學涂經理夫人的：賣出買權，同時買進期貨做為避險。當指數下跌時，賣出的買權遠離履約價，可以穩收權利金，指數上漲時則依靠買進的期貨做為避險。可是按照財務工程的計算，賣出深價外的買權因為價格波動會比較小，相對應所需避險的期貨口數可以比較少，涂壯竹和羅美妍因此是以十比一的比例做為避險，可是如果是價平的買權，只要指數一上漲就進入價內了，價格會開始快速上揚，所需的避險部位就要比較大，但是魏碧如不懂這些，還是照著十比一的比例做避險，結果賣出的買權很快產生巨大虧損，用來避險的期貨多單只能發揮杯水車薪的效果。

上漲 425 點的那一天，魏碧如撥通了內線電話給涂壯竹，問他該怎麼處理比較好，當然她沒有說是自己的操作，只說客戶快被斷頭了。

涂壯竹：「那就是要減倉啊，不減倉也是會被斷頭，結果都是要回補賣出的部位。」

魏碧如：「可是現在根本沒有賣盤的報價，如果回補會有很大的滑價損失耶！」當市場出現巨大波動的時候，常常買賣雙方都會縮手，因此買方報價與賣方報價會有很大的價差，而且委買量跟委賣量都縮小，如果有大部位要做平倉，就會出現很大的滑價損失。

涂壯竹：「如果選擇權進入深價內，報價高、價差大，那就是多買幾口期貨，免得萬一又往上漲，虧損就會一直擴大，放到結算日讓它按照契約結算，就不會有流動性不足，無法回補的問題了。」涂壯竹理性地分析。

魏碧如：「客戶的保證金就已經不夠了，沒辦法再多買期貨啊！」

涂壯竹：「如果不補保證金，那就會被斷頭，交易制度就是這樣，馬上稽核單位就會來查，妳是營業員，應該知道該怎麼做。」

魏碧如心想：「我當然知道該怎麼做，問題是我搞出來的，不能讓客戶知道啊！」然後她就被逼得硬上梁山了，魏碧如不僅未平倉，還挪用客戶資金，在接下來事與願違的漲勢中被狠狠地請出市場，客戶們一下子炸了開來，紛紛向金管會檢舉，要求邦泰證券賠償。人性也在此刻面臨最殘酷的考驗，明明是客戶同意由魏碧如代為操作，在賺錢的時候笑臉迎人，不住口地誇獎魏碧如，但是賠了錢立刻翻臉不認人，指責魏碧如違反了規定，邦泰證券未盡監督之責。

面對金管會的調查人員，魏碧如聲稱她的行為是得到公司的「默許」，畢竟她是公司認可的「超級營業員」，怎麼可能公司不知道她的做法，但是公司卻沒有糾正她，因此表示公司是「默許」的。為此吳董被請到金管會做了多次說明，邦泰證券內部的風險控制流程被反覆檢視，全公司上下雞飛狗跳，經營不善的狀況也雪上加霜。

自從那次以後，吳董變得格外地沉默起來，常常自己一個人關在辦公室裡面，或是根本就不進辦公室，黃副總想要安慰他幾句，也不知道該說些什麼好，尤其是吳董一見黃副總，遠遠的就避了開來，說來可笑，居然是上司躲著下屬，這時的吳董彷彿暗夜裡的遊魂，完全見不得黃副總的陽光燦爛。他那個龐大的身軀，在辦公室裡孤獨地坐著，垂著頭，眉頭深鎖，手指敲打著桌面，一下又一下，十分遲緩的、十分用心的，在想著未來不知道該怎麼辦。他的秘書跟他問事情，他好像沒聽到一樣，總是要多問兩聲，他才嗄啞著嗓子應著一聲：「我再想一想。」旋即他又一聲不響了。

跨了年之後，股市又一路由 9,000 點之上一路往下滑，頗有一幅山雨欲來風滿樓的態勢，如果魏碧如不是重倉押注被掃出了市場，此時賣出買權的策略倒是會有很好的獲利，但是她早就離開公司了，邦泰證券還必須代替她負起賠償客戶的責任，雖然說可以轉而向她求償，但是魏碧如怎麼可能還有能力拿得出錢來呢？

直到 2008 年 9 月 15 日，在美國財政部、美國銀行及英國巴克萊銀行相繼放棄收購談判後，有兩百年歷史的雷曼兄弟公司宣布申請破產保護，負債達 6,130 億美元。雷曼兄弟的破產被認為是 2007~2008 年全球金融危機失控的標誌，往後的歷史將之稱為「金融海嘯爆發」。

股市開始無量下跌，財政部為了緩住跌勢，宣佈股市交易跌幅減半，由 7% 降為 3.5%，這反而讓投資人驚慌失措，每天一開盤所有個股就鎖住跌停，連期貨指數也是跌停。試想，賣不掉的股票有誰敢買呢？

邦泰證券在上海的辦事處裁撤掉了，潔思敏終於回到台灣與劉強生相聚，夏末兩人一起到澎湖度假，然後就出事了。緊接著，邦泰人壽出面協商，由國內一家大型金控接手了邦泰證券，樹倒猢猻散，涂壯竹一心想好好捧著的飯碗，終於還是打破了。

我不殺伯仁

一輛舊式的黑色官家小轎車，在臺北信義區的金融大樓停了下來，車門打開，裏面走出來兩個人，前面是位七旬上下的老者，緊跟其後，是位五十左右的中年人。老者身著黑緞面起暗團花的亞曼尼西裝，足登一雙發亮的義大利皮鞋，頭上的髮色已如白雪，卻綿密地發亮，鬢角修得像是「貓王」艾維斯·普里斯萊一般，顯見年輕時必定是時尚人物。老者身材碩大，走起路來臨風飄然，可是他臉上的神色卻是十分的莊凝。他身後那位中年人也穿了一身深黑的西服，繫著一條同色領帶，他戴了一副銀絲眼鏡，頭髮也開始花白了，面容顯得有點疲憊。老者和中年人一走近大門，裏面一個青壯的員工迎了出來，他穿著一身褪了色的深藍制服，鞠躬哈腰像是一把彎弓，他向老者和那位中年人不停地點著頭說道：「蔡董回來了？總經理，您好？」

蔡董向那個青年人點了點頭，然後便轉過來向身後的中年人說道：「這位看起來很面生，是我們公司的員工嗎？」

蔡董身後的中年人是他的二兒子，邦泰人壽的總經理蔡靖宇，他回答：「爸，呃不，董事長，這是原本邦泰證券的涂壯竹經理，邦泰證券被收購以後，他就進到了我們公司的投資部門工作，他的財務工程很不錯，市場經驗也夠，以前吳先生就常稱讚他，我想人才要好好留著，就延攬他到我們公司裡。」

「對，人才不容易找，吳先生自己也是個人才，以前在精算部門就做得有聲有色，才讓他負責邦泰證券，只可惜他想不開，居然自己結束了生命。公司虧損有什麼關係呢，我創業半世紀，哪裡少摔跤了，早幾年我就說證券業在走下坡，叫他把證券公司收起來，他卻堅持不肯放手，最後破洞愈拖愈大，東拉西補的反而更糟糕。唉，但是也不必尋短呀，只要活著，有什麼事是不能解決的。」蔡董事長擺了擺手，踏著遲緩而穩健的步子，逕自往門內走了進去，總經理也跟著走了進來，涂壯竹便馬上過去把大門關上。

「涂經理。」總經理叫道。

「有。」涂壯竹趕忙做了一個立正的姿勢。

「不要那麼拘謹，等會兒到辦公室來，關於邦泰證券的業務，你跟董事長報告一下。」

「是，總經理。」涂壯竹應著。這個時候景氣還在谷底，邦泰證券結束營業之後，他很不容易找到新工作，當邦泰人壽詢問他是否願意到投資部門工作時，他簡直不敢相信有這樣的好運氣，當晚還和羅美妍帶小孩上了館子慶祝一番。

金融大樓的辦公室裏，裝璜豪華卻顯得生冷僵硬，入口處擺放了一盆紫竹，是唯一有生氣之物，上頭卻掛了個牌子「祝賀邦泰人壽上市鴻圖大展」，那已經是好幾年前的事了，顯然是沒有什麼人關心過它。蔡董和二公子走向內時，涂壯竹早已經端著兩盅鐵觀音進來，擱在嵌了紋石的辦公桌上，然後他又起身點著頭向兩人說道：「董事長、總經理，請用茶。」

蔡董進到辦公室裏便逕自走到辦公桌旁邊一張高背皮革董事長椅上坐了下來，捧起了一盅熱茶，暖了一暖手，吹開浮面的茶葉，啜了一口，然後才深深地舒了一口氣。他舉目看見涂壯竹仍舊立著時，便連忙用手示了一下意，請他在另一張會議椅上坐下。

「你們吳先生——」蔡董坐下後開言道。

「是的，蔡董。」蔡董說了一句，沒有接下去，涂壯竹便答腔道。

「你們吳先生跟著我，前後總有二十多年了——」蔡董頓了一頓才又說道，「他的為人，我知道得太清楚。『精明』二字是吳先生的好處，可是他一輩子吃虧，也就是這個上頭，善算者福薄呀。」蔡董點著頭嘆了一口氣。

「吳先生經營企業認真，實在是教人景仰的。」涂壯竹說道。

「雖然這樣說，但凡事太過較真，就失去了轉寰的餘地，」蔡董轉向涂壯竹，「你做過他這些年的幕僚，你當然知道。」

「是的，是的，」涂壯竹趕快接口道，「吳先生行事，一向是運籌帷幄，那是沒有人及得上的。」

「你們背地裡大概都把他當管家婆吧，凡事不分大小，他都要親自過問，是嗎？」蔡董側過身去，微笑著問道。涂壯竹會心地笑了一下，卻沒敢答腔。蔡董用手搔了一下鬢邊那幾綹白髮，又獨自沉思起來。

「其實，他也是十分孤獨的——」隔了半晌，蔡董才喃喃自語地說道。

「嗯，蔡董？」

「我說，」蔡董轉頭過去提高了聲音，「他的性子太認真了，就好像是三國演義裡的諸葛亮一樣，做了一輩子的事，卻不懂得放手，有些事是可以緩一緩的，還有些事就讓它搞砸了也沒關係，謀事在人，成事在天，哪有樣樣都能成的呢，重要的是別把雞蛋放在同一個籃子裡，商場如戰場，好比下棋，不棄幾個子，大局就會亂了。」

「吳先生對董事長和總經理二位一向推崇備至。」涂壯竹欠身轉向蔡董，臉上充滿了敬意地說道。

蔡董微微的笑了一下。「我和靖宇倒未必真有甚麼地方教他佩服。不過，他當初在這邊的事，恐怕連你也不太清楚呢。」

「我記得吳先生提過：他在邦泰人壽廿年了，從一個精算師開始做起，後來設計了不少保單商品，蔡董因為他嫻熟金融市場，才把邦泰證券的棒子交給了他。」

「那倒是。不過，這裏頭的曲折，說來又是話長了——」蔡董輕輕地嘆了一下，微微帶笑地合上了目。涂壯竹看見蔡董閉目沉思起來，並不敢驚動他，靜等了一刻功夫，才試探著說道：

「董事長講給我們晚輩聽聽，也好學個經驗。」

「唔——」蔡董吟哦了一下，「說起來，那還是上個世紀的事情呢。民國八十六年，財政部開放了兒童可以獨立買壽險，過去由於曾經發生狠心父親殺害子女，以詐領保險金的案例，因此財政部禁止對十歲以下的兒童銷售兒童壽險。一旦開放以後，那麼這個市場大餅將高達五百億元。」

「這個數字可不小呢！」涂壯竹應著。

「確實不小，」蔡董接著說：「當時有一家宏福人壽，後來改名叫宏泰人壽了。它推出了一張『吉祥終身壽險兒童保單』，投保十年解約後，換算成年平均報酬率，男孩是 14~15%、女孩是 16~17%。當時郵局的存款利率才只有 6%，報酬率這麼高的保單，幾乎可以說是賠錢保單，但是宏福倒是強調，以董事長陳政忠的財力與企業經營的績效，年平均 14% 至 17% 的投資報酬率根本不是問題。結果這張看來穩賠不賺的保單，四十二天的時間就賣了 38 億新台幣，光是十月七日一天就收了 27 億元的保費，那是因為財政部要求宏福在十月八日停賣，結果其它家壽險公司的業務員居然幫著宏福賣這張保單，以分紅拆帳的方式來算業績獎金。」

涂壯竹在 Excel 工作表裡輸入了一個公式，這是用來計算投資的未來價值 (Future Value) 公式：

=FV(14%,10,-10,0,1)

這個公式有五個參數：

- Rate：這是各期的利率，在此為 14%。
- Nper：這是年金的總付款期數，在此為 10。

- Pmt：這是各期應給付的金額，在此為 -10，表示每期付出 10 萬元。
- Pv：這是初始一次給付的金額，在此為 0。
- Type：0 表示期末給付，1 表示期初給付。

得出的答案是 220，表示每期給付 10 萬元，繳交 10 期以後，等期滿可領回 220 萬元，相當於總繳金額的 2.2 倍，如果把公式裡的 14% 改成 17%，更是可以得到 2.6 倍以上的期滿解約金，難怪會被說是穩賠不賺的保單。

這時一直沒有開口說話的總經理蔡靖宇說：「那個時候我是業務單位的副總，跟在精算部門的吳先生討論起這件事，吳先生說：『以這樣的投資報酬率，就算去跟銀行借錢來買這張保單都划算』。那個時候的房貸利率不到 8%，以我們公司的信用評等，借錢的利率大概也是 8%，跟現在完全不能比囉，現在的利率大概只有 2% 而已。宏福人壽設計出這樣的保單，內部一定出了問題，如果它們可以跟銀行借錢，何必開發一個利率 14% 到 17% 的保單來籌款，吳先生當時就判斷，銀行可能要開始縮緊銀根了。」

「那個時候亞洲金融風暴正厲害著，很多傳統產業配合政府的『南向政策』到東南亞投資，都產生了很大的虧損，銀行確實準備要收銀根了。」涂壯竹附和著說道。

蔡靖宇說道：「沒有錯，那一年的 7 月，泰國宣佈放棄固定匯率制，實行浮動匯率制，引發了一場遍及東南亞的金融風暴。宣佈當天，泰銖兌換美元的匯率就下降了 17%，外匯及其他金融市場一片混亂。在泰銖波動的影響下，菲律賓比索、印尼盾、馬來西亞林吉特相繼成為國際炒家的攻擊對象。8 月，馬來西亞放棄保衛林吉特的努力，一向堅挺的新加坡幣也受到衝擊，印尼雖是受傳染最晚的國家，但受到的衝擊最為嚴重。這時財政部還沒有要求銀行不得雨天收傘，也還沒成立『紓困小組』，很多中小型企業都借不到款，眼見台灣也要步上東南亞國家的後塵了⋯」

蔡董接著說：「吳先生的本領在這個時候最看得出來，他說：『台灣的外匯存底比其它亞洲國家高得多，只要步步為營，一定可以度過這波風暴，但是如果太過於躁進，就很難保在亂局中不被颱風尾掃到。』那個時候在市場上搶錢的可不只宏福人壽而已。中興人壽也推出了一張『一一五終身壽險』，每個月繳六千元，六年期滿可以領回六十萬，之後每年以 15% 利息給付，一樣是賣得嚇嚇叫，後來這張保單弄垮了中興人壽，被遠雄人壽接管了，到現在遠雄都還要承擔未解除的契約，可說是接了一個燙手山芋。」

涂壯竹好奇地問：「那遠雄人壽怎麼願意收這個爛攤子呢？」

「這你就不懂了吧，吳先生也是因為看不透這一點，才會撐不起邦泰證券。」蔡董慢條斯理地說著。

端起茶杯喝了一口鐵觀音後，蔡董又說：「做生意不能太過精明，一時吃虧，有時會換來更大的好處。那個時候政府出面，協調其它壽險業者接手，我們公司當時規模沒有現在這麼大，吳先生也說要明哲保身，別強出頭，所以沒有參加競標。後來遠雄雖然在這上頭吃了虧，可是遠雄建設卻拿下了好多政府釋出的土地與標案，算一算其實是賺的。如果我們拿到了中興人壽，說不定大來建設就有許多生意可以做了。」

涂壯竹知道大來建設是邦泰人壽的子公司，邦泰人壽本身投資的房地產都是交由大來建設開發，於是點了點頭。

「有些事董事長可能不知道——」蔡靖宇此時又說：「那個時候吳先生用他老婆的名字，也向中興人壽買了『一一五終身壽險』。」

「哦——有這回事？」蔡董訝異地問。

「是啊，」蔡靖宇回答：「而且吳先生可精明了，他從第二年開始，就用保單的契約價值，向中興人壽貸款，然後拿貸出的款項去繳交剩餘的保費。這是保險業的慣例，用保單向承保公司貸款，可以享有利率優惠，他那個時候拿到 5.8% 的利率，想想看，保單本身的利息有 15%，借跟貸都是跟同一家公司，跟你用不到 6% 的利息借款出來，再繳你有 15% 利息的保費，根本就是無風險套利了，大概也只有他想得出來。」

「唉——」蔡董嘆息，「我就說這個吳先生太過精明了。當幕僚精明是好的，可是要經營企業就得看大方向，小地方算仔細了，福緣就薄了，我當初實在不該把他安插到邦泰證券的董事長位置上，我不殺伯仁，伯仁卻因我而死呀！」

「爸，您別自責了。吳董事長的個性如此，早晚會碰上這一關的。」蔡靖宇在公司並不以輩份稱呼蔡董，此時卻脫口而出。

涂壯竹趕緊接話：「吳董事長很感激蔡董的提拔，公司也經營得有聲有色，要不是碰上大環境不佳，不會有今天的。」

蔡靖宇也轉移話題：「雖然遠雄集團配合政府得到了好處，可是反過來看台灣的銀行業，在亞洲金融風暴配合政府紓困，後來卻造成財務問題，這種事真得很難預料。」

蔡董不勝唏噓：「是呀，隔年台灣颳起本土型金融風暴，從東隆五金范芳魁、新巨群吳祚欽、國揚侯西峰、國產車張朝翔、張朝喨兄弟等集團紛傳掏空、違約交割，而後風暴擴大到東帝士、台鳳、華榮、安鋒、廣三、長億、華隆、鴻禧，甚至力霸等集團，最後是全民付出上兆元代價，幫這些落難大亨打銷銀行呆帳，才讓風暴漸歇。兩年前力霸集團出事，也是當時種下的禍根。」

早自 1998 年本土型金融風暴起，東帝士集團陷入財務危機的傳言就不斷，2000 年 8 月東帝士集團終於發生跳票，集團負債金額一度高達 700 億元。但這數字在 2007 年初被力霸集團王家打破，依北檢起訴書，力霸案王又曾夫婦及親友共涉掏空力霸集團高達 731 億元。

蔡靖宇又說：「後來銀行的獲利能力持續下滑，銀行淨值報酬率 (ROE) 由 11.5% 下降為 5.5%，政府為搶救銀行業，又降低了開辦信用卡業務與現金卡業務的門檻，沒想到愈弄愈糟，反而讓銀行業不良貸款率不斷升高，由 1991 年不到 1% 增至 2001 年 7.7%，才有了後來的一次與二次金融改革，金融重建基金的設立可是花了納稅人不少錢啊。」

蔡董思索了一下說：「所以我才告訴吳先生，該放手的時候就要放手。如果政府早點讓體質不好的企業與銀行退出市場，就不會把破洞愈捅愈大。吳先生要是早聽我的，把邦泰證券收起來，場面就不會這麼難看了。」

涂壯竹此時尷尬得很。他一心想幫忙吳董把邦泰證券救起來，沒想到在蔡董的眼中卻是適得其反。

「你知道嗎？自從寶來證券開啟了電子交易與財務工程數位化，我就覺得證券業大概要完蛋了。」蔡董深深地嘆了一口氣，說道：「水能載舟，亦能覆舟。電腦雖然可以幫助業務，但人的角色一淡化，同質性提升，市場就有如一攤死水了。」說完蔡董和涂壯竹各自又默默地沉思起來，蔡董年事已高，此時是有點累了，涂壯竹卻是不能吸收蔡董的這一番話，隔了一刻功夫，才試探地接了一句：

「蔡董的話太高深了，我一時不能理解哩！」

蔡靖宇接口對涂壯竹說：「我聽說邦泰證券在結束營業以前，跨入了衍生性金融商品市場，是不是？」

涂壯竹挺直了腰桿，驕傲地回答：「是啊，吳先生有先見之明，在權證退稅法案通過之前，交待我負責開辦這項業務，後來推出的組合型權證替公司帶來不少獲利。」

蔡靖宇意味深遠地看著涂壯竹，接著問：「然後呢？」

涂壯竹尷尬地答道：「後來同業看這個商品好，也陸陸續推出同質商品，結果投資人就不再青睞我們，後面推出的權證銷售狀況就不太好了…」涂壯竹停頓了一下，似乎想辯解什麼，又說：「但是銷售出去的商品都是有獲利的。」

蔡靖宇點了點頭，笑道：「如果能夠長期穩定的獲利，那也是不錯了，但是市場規模做不起來，杯水車薪，一點點獲利還是救不了邦泰證券。」

他接著說：「衝營收或是衝獲利，其實並不容易取捨。如果賣得貴了，雖然毛利率高，但是市場就做不大，賣得便宜了，可能造成熱銷，可是實際上卻沒什麼獲利。你看看當年宏福人壽和中興人壽設計了那樣的保單出來，簡直是賠錢在賣，保戶半夜提著錢排隊搶簽約，雖然造成熱銷，最後卻成為拖垮公司的元兇。但是反過來說，如果它們不推出這樣的商品，保戶全部被競爭對手拉走，它們一樣要走向破產一途。這是因為當時的大環境已經是這樣了，它們只能選擇賭一把，如果景氣回升，到手的資金投資報酬率高，就活過來了，如果景氣低迷，反正左右都得死，最後把爛攤子丟給政府去收拾，自己逃之夭夭就行了。後來的發展不正是如此嗎？政府怕收爛攤子，所以阻止宏福人壽繼續賣兒童保單，而這幾家公司後來真的都倒了，老闆也都跑了。人想要勝天，必須非常努力才行。」

涂壯竹還是一臉茫然地望向蔡董和蔡靖宇，他對數字雖然掌控得很好，可是講到人事與企業經營，就完全是門外漢了。

蔡靖宇繼續解釋道：「你對比看看，當宏福人壽推出這種孤注一擲的保單之後，中興人壽也只能繼續推年利率 15% 的保單，不然就會立即被擠出市場。接著還有慶豐人壽、蘇黎世人壽…它們也相繼推出高報酬率的保單，也一一傳出財務危機，本來每家公司都有自己的特色，業務員的努力方式也不一樣，可是到後來，居然各公司的業務員都跑去推銷宏福人壽的兒童保單，然後再拆帳分業績，個人的色彩就被淡化了。再看看證券市場，當寶來推出全台第一套電子交易系統『點金靈』之後，接著元大推出『YesWin』，群益有『策略王』，凱基、元富、金鼎、大華…都陸陸續續走上電子交易這條路，不斷地裁退營業員與營業據點，接下來就是手續費大戰的時代，早期還可以比拚營業員的服務與研究員的專業，但是到後來大家拚的都是手續費折扣，人的色彩不見了，同質性愈來愈高，市場就被打爛了。」

涂壯竹覺得這些對他來説都是全然陌生的領域。他從來就一直是個幕僚，專精於完成上面交付的任務，對數字與資源的掌握精確，可是卻從來沒有主動想過要自己做決策。認真説起來，他就像一臺高功能的電腦，可以做精確的運算，執行複雜的任務，但如果沒有人叫他做什麼事，他就不會想要主動開拓新的領域。

但是有一點涂壯竹可比電腦強多了，那就是他很會拍老闆的馬屁。年輕時意氣風發的他，這幾年看多了市場的震盪起伏，也見識到人生的變幻莫測：一個眾人信任的營業員，為了保住自己的業績獎金與銷售冠軍頭銜，在利益的誘惑之下挪用客戶的資金；公司裡高高在上不可一世的董事長，在大環境的折磨之下喪失了奮鬥意志，居然了結了自己的生命。想起年輕時耳聞能在股市呼風喚雨的作手東帝士陳由豪、力霸王又曾、廣三曾正仁、國揚侯西峰、長億楊天生、台鳳黃宗宏…數都數不清的浪尖人物，一個接著一個栽了下來。涂壯竹在自己經歷了一番風雨之後，現在只想拉拔兩個小孩長大，早沒了鋭氣，不住口地向蔡靖宇説：「今天聽蔡總這一席話真是讓我茅塞頓開，我一直只想著把事情做得又快又好，卻沒想過自己做的是不是對的事情。難怪吳先生對蔡總經理與蔡董一向推崇至極，能以這般的角度來看事情，已經是超凡入聖的境界了呀！」

蔡靖宇微微笑了一下，眼神飄向許久不出聲的父親蔡董，卻見蔡董閉上眼養起了神，臉上已有倦容，便試探著說道：「董事長今天事情多，身體乏了吧，是不是下次再繼續談下去？」

蔡董抬起頭看看蔡靖宇，又端起茶喝了一口，說道：「算算日子，吳先生的百日之期應該就是這幾天了吧，雖然證券公司虧了不少錢，但那是大環境的問題，不能怪他，以前公司讓他幫了不少忙，我們應該再向吳夫人致意一下，讓公司出納從公關準備金撥一筆款過去吧，他的大公子在美國唸書，家裡的手頭可能會有點緊…」

蔡靖宇連忙點頭：「是的，董事長，吳先生的公子在美國讀的是資訊工程，前途很看好，但私校的費用是有點高，我們能幫點忙是一件好事。」

涂壯竹也附和：「董事長與總經理宅心仁厚，如此一來，吳先生在天之靈就少了一個牽掛。」

蔡董又捋了一下銀鬚，接回了早前的話題，似乎渾然不覺蔡靖宇已經同涂壯竹說了好一會兒話。「你哪裏能得知？當市場百家爭鳴，是發展機會最大的時候，如果大家都在同一條路上拚搏，反而就要小心見頂反轉了。好比說銀行業吧，以前不管公股銀行或是民營銀行，都有自己的利基市場，三商銀包辦國有企業金融，台企銀專精於中小企業放款，僑銀專做華僑生意，土地銀行專做土地融資，合作金庫是信用合作社的龍頭，世華銀行是證券交割銀行的龍頭，每家銀行各有特色。可是到後來，數位化時代來臨，各家銀行都想搶數位金融，存放款的利差愈來愈小，手續費收入所佔的比重愈來愈高，大家都搶賣連動債、海外險、基金、外匯，結果同質性提高，分散風險的效果降低，本來以為穩如泰山的市場一有風吹草動，所有人就同受其害，損傷在所有同業之間蔓延，根本就停不下來。」

涂壯竹想去去年雷曼兄弟破產風波，掀起國內金融機構與投資人近千億虧損風暴，更重創銀行業信譽風險，使銀行業陷入成長動能危機。當時的週刊上寫著：

「根據金管會估計，國內銀行財富管理客戶踩到雷曼兄弟連動債地雷的金額達四百億元，而國內銀行、券商、保險公司……等金融機構踩到的雷曼兄弟地雷也達四百億元。兩者相加，國內受到雷曼兄弟風暴引發的連動債，可能虧損金額達八百億元。」

「所謂的連動債，其實就是投資銀行把他們的風險，轉嫁給下游客戶的工具，如果連花旗、美林…這些國際大銀行都會受害，更何況是看不懂這些衍生性金融商品的散戶投資人？由於連動債的商品結構複雜，一般投資人不容易懂，在美國都是由特定人，或者高資產族群才能購買，不會賣給一般投資人。但在台灣，由於銀行銷售連動債的手續費收入高，台灣散戶投資人又偏好『俗擱大碗』的文化，總想投資最少的錢，賺回最大的報酬，所以連動債以高於定存報酬，且又保本的銷售話術，席捲了台灣銀行定存族。」

涂壯竹曾經為了搞懂連動債的風險結構下了很大的一番功夫，卻沒想到跳出整個結構來看，原來從市場一窩蜂的行為，就已經能判定風險在其中累積起來了，他誠懇地說：「要不是蔡董這樣提起，我還不知道可以從這個角度來看連動債風暴。」

「沒有錯，」蔡董點首讚許道，「這在歷史上層出不窮，十七世紀在荷蘭發生的鬱金香泡沫就是如此。當時由鄂圖曼土耳其引進的鬱金香球根異常地吸引大眾搶購，導致價格瘋狂飆高，1636 年，一棵鬱金香可以交換八隻肥豬、四隻肥公牛、兩噸奶油、一千磅乳酪、一個銀製杯子、一包衣服、一張附有床墊的床外加一條船。然而在泡沫化過後，價格僅剩下高峰時的百分之一，讓荷蘭各大都市陷入混亂。」蔡董沉吟了片刻，又緩緩地說道，「可是歷史總是不斷地重演，十八世紀初英國也爆發了南海泡沫，南海公司在 1711 年創立，表面上是專營英國與南美洲等地貿易的特許公司，但實際是協助政府融資的私人機構，分擔政府因戰爭而欠下的債務。南海公司在誇大業務前景及進行舞弊的情況下獲外界看好，到 1720 年，南海公司更透過賄賂政府，向國會推出以南海股票換取國債的計劃，促使南海公司股票大受追捧，股價由原本 1720 年年初約 120 英鎊急升至同年 7 月的 1,000 英鎊以上，全民瘋狂炒股。就連著名物理學家牛頓在南海泡沫事件中也是受害者之一，他在第一次進場買入南海股票時曾小賺 7,000 英鎊，但第二次買進時已是股價高峰，結果大虧 2 萬英鎊離場。牛頓曾因而喟嘆：『我能算準天體的運行，卻無法預測人類的瘋狂。』」

涂壯竹從未聽聞這些歷史，十分訝異連牛頓這位科學界奉為神一般的人物居然也被捲入風暴之中，他好奇地問：「難道人們沒辦法從歷史中學會教訓嗎？」

蔡董朝涂壯竹點頭笑了一下。「說穿了都是人性，雖然理性時代來臨，科學日新月異，可是貪婪與恐懼依然深植在人類的基因當中。你想想，時至今日，大家都知道暴飲暴食對身體不好，可是餐廳裡依然高朋滿座，到醫院裡掛號看糖尿病、高血壓的人有增無減，能控制口腹之慾的人少之又少。我們公司派出去的業務員，女孩子只要聲音嗲一點，衣服穿少一點，總是很容易攀談上大客戶，這就是人性。不管是什麼泡沫，在破滅以前，都會衝到讓人忍不住的高點，在利益的趨使之下，總是有人前撲後繼地跳入火坑之中。只有不貪的人，可以在風暴中全身而退，但是除了眼不見為淨以外，有幾個人能不貪心呢？幾年前佛光山本寺的比丘尼，接到詐騙集團傳送的手機簡訊，謊稱可獲 45 萬元樂透獎金，出家人信以為真，騙徒以繳稅金、又中更大獎等名目反覆操作，比丘尼匯款 20 多次，近 8 千萬元就這樣被騙走。」

「面對誘惑還能保持靈臺清明，確實是令人欽服的，只是沒有經過一番痛徹心扉的教訓，真的很難做到。」」涂壯竹說道，他想起自己在宏達電權證上的孤注一擲，後果真是不堪回首。

「不是這樣說，」蔡董擺了擺手止住涂壯竹道，「有動力才能進步，受利益趨使並不完全是錯誤，今天的科技進步都是人們努力的成果，但是你真的以為有幾個科學家是為了人類的福祉在努力嗎？才不呢，多半都是為了私人的利益。偉人傳記裡常說某某某從小就立志要改善什麼科技，要幫助人們脫離何種苦難，那都只是後人加油添醋的描寫，瓦特改良蒸氣機是為了賺錢，愛迪生發明電燈是為了賺錢，哥倫布出航新大陸也是為了賺錢。就拿我自己為例好了，難道我真的是想要讓受災的人都能得到保障，才成立邦泰保險公司嗎？並不完全是。一家公司要經營得有聲有色，除了讓客戶有保障之外，公司也要有獲利，員工還要能夠安定，那麼大家都有好處了，究竟是從哪裡取得這些資源，來讓大家都能夠滿意呢？」

說完三人對坐著，各自又默默地沉思起來，隔了一刻功夫，蔡靖宇才輕輕地說道：「這都是要靠大家的努力。」

蔡董很是高興：「對了，就是靠大家的努力。人活著就是要努力，所謂『水往低處流，人往高處爬』，如果沒有意志力，所有的東西都只會往下墜落，落底了就不會再動了。我努力了大半輩子，做起了一家公司，沒有在困境中被擊垮，沒有對不起客戶，也沒有讓員工挨餓，算是不愧此生了。」

蔡靖宇聽出父親言語中有一股蕭瑟之意，趕忙說：「父親的努力我們是有目共睹的，大家都是很尊敬董事長的。」

涂壯竹也連忙附和。

蔡董卻不理會，繼續說道：「可是努力就一定會有好成果嗎？那也不一定。你想想看，吳先生想要扶住證券公司，也不能說他不努力呀，甚至可以說他是太努力了，結果還是落了一個樹倒猢猻散的下場，你說這是什麼緣故呢？」說完他充滿期待地望向蔡靖宇。

蔡靖宇卻不知如何回答，只能勉強說道：「時也，運也，命也，非我之不能也。」蔡董點點頭，有如教子一般地對蔡靖宇說：「你這是呂蒙正狀元的『嘆世詞』，」接著就掉起了書袋：

「天有不測風雲，人有旦夕禍福；蜈蚣百足，行不及蛇，靈雞有翼，飛不如鳥；馬有千里之程，無人不能自往；人有凌雲之志，非運不能騰達。文章蓋世，孔子尚困於陳邦；武略超群，太公垂釣於渭水；盜跖年長，不是善良之輩，顏回命短，實非凶惡之徒；堯舜至聖，卻生不肖之子；瞽叟頑呆，反生大聖之兒；張良原是布衣，蕭何稱謂縣吏；晏子身無五尺，封為齊國首相；孔明臥居草廬，能作蜀漢軍師；韓信無縛雞之力，封為漢朝大將；馮唐有安邦之志，到老半官無封；李廣有射虎之威，終身不第；楚王雖雄，難免烏江自刎；漢王雖弱，卻有河山萬里；滿腹經綸，白髮不第；才疏學淺，少年登科。有先富而後貧，有先貧而後富；蛟龍未遇，潛身於魚蝦之間，君子失時，拱手於小人之下；天不得時，日月無光；地不得時，草木不長；水不得時，風浪不平；人不得時，利運不通。」

涂壯竹跟著點頭，唏噓了一番，他不像蔡靖宇早知父親飽讀詩書，心中滿是佩服。

蔡董又說：「可是大環境對每個人都是很公平的，並不是只有針對誰做出打擊，同樣是證券業不景氣，元大、寶來、群益、凱基…這些券商都可以存活下來，邦泰證券卻不行。好比十年前，宏福人壽與中興人壽紛紛傳出財務危機，我們公司卻能無殃，這是為什麼呢？」

涂壯竹試著說：「因為它們是大公司吧，市佔率高，具有規模經濟的優勢，在成本上我們比拚不過它們。」

蔡董卻又問：「可是十幾年前我們是小公司呀，宏福人壽與中興人壽都是有財團在背後支撐，論規模我們可比不上它們，怎麼是它們鬧出了狀況呢？」

這次換蔡靖宇回答：「因為它們太躁進了，推出利率那麼高的保單，很難回收成本，才會在困境中被滅了頂。」

蔡董鼓掌微笑說道：「沒有錯，規模只是其中一個因素，重要的是量力而為，實力在哪裡，就只能從那個地方出擊。有實力可以降低防守出重拳，因為即使受傷也撐得住，但是將頭臉都讓人家打，那就受不了了。十幾年前吳先生就看得出在金融風暴中，要沉潛才能渡過困境，但是等到他自己主持一家公司的時候，卻貿然開拓新業務，又是押注國民黨勝選，又是到大陸設辦事處，最後一刻還踩進了衍生性金融商品市場，一心一意只想有所突破，卻沒想到萬一失敗的傷害更是嚴重，簡直是已經到了孤注一擲的地步了。創業維艱，守成更是不易呀！承認失敗也是一種策略，項羽如果不在烏江邊自刎，東渡重整，天下未必就是劉家的，即使不能再爭天下，偏安一方也未嘗不可，劉邦不就棄關中入蜀，否則哪裡有後來的漢家天下呢？」

蔡董說著，已經把手上的茶水飲盡，吟哦了一下，最後說道：「吳先生是很好的人才，只是後來走進了死胡同，鑽不出來，才會不能善終。你們想想在深山走失的人，最重要的就是保留體力，等待救援，留得青山在，不怕沒柴燒，常將有日思無日，莫把無時當有時。」

蔡靖宇和涂壯竹兩人都點頭稱是，今天的一番深談，對他們都是很有助益。

危機入市

一個冬日的黃昏，在台大體育場旁的看台上，有一位年輕人坐在那裡，他抬起頭，瞇著眼睛，遠望著籃球場上一群揮舞汗水熱鬥著的運動員，出了半天的神。似乎坐久了有點倦怠，他伸了伸懶腰，卻沒有離開。年輕人的身上披著一件靛青色粗絨線織成的寬鬆長外套，拖拖曳曳，半遮住了下半身磨到發光的牛仔褲，黑色的粗框眼鏡説明他不是一個喜好運動的人，卻不知道為什麼出現在這個地方。

在台北的冬天難得有這樣的好天氣，連續幾天沒有下雨，下班的車潮從新生南路傳來轟隆隆的引擎聲音，颯爽的晚風中夾雜著汽機車排放的臭氧、一氧化氮、碳氫化合物…，在操場上跑步的人群卻毫不在意，魚貫地往前跨出腳步，大口大口地用他們的肺過濾著都市的空氣。當天色愈來愈暗，球場上的人們正準備離開之時，年輕人站了起來，剛舉手想高呼，但終於遲疑地縮了回來，環視了一下，然後從圍牆邊的小門走了出去，又轉到公車站牌旁的側門走進學校。

「黃副總，」年輕人佇立在往停車場的電梯旁，試探著叫了一聲，剛打完球的一群人中，倏地便轉過了一個頭來。那是一個快要步入中年的精壯男子，一頭流著汗水蓬亂的頭髮，仍然豐盛得像操場邊的木麻黃一般，運動完紅通通的臉龐一下子就展開了燦爛的笑容。

「小趙，這麼巧，你來運動嗎？」黃副總聲音宏亮地喊了起來，接著登登地向他迎了過來。

「好幾個月沒看到你了，最近怎麼樣？有找到工作嗎？」黃副總一把便拍往小趙細瘦的膀子，拉著他往外面走去，「走走走，一起吃飯，以前公司的人都好久不見了，不知道大家都怎麼樣了。還不到六點，你這麼準時下班呀？」

「副總，」小趙趕忙亂搖了幾下那雙鳥爪般的瘦手，微帶苦楚地說，「別挖苦我了，現在這景氣哪裡能順利找到工作啊，到處都在放無薪假，科技業、金融業、服務業…全都是苦哈哈的，我就靠著那一點失業救濟金撐著，今天想說碰碰運氣，看能不能在這裡遇到你，每次見到你那麼有朝氣，就覺得人生有希望了，」和黃副總講了一會兒，小趙也覺得心情開朗了一些，說著說著他唸起了香港電影「鹿鼎記」中韋小寶的台詞，「好像日月之光普照大地，我對副總的景仰可說是有如滔滔江水，源源不絕呀！」

「哈哈哈，這麼噁心的話你也說的出口，憑這份工夫，你就不用怕找不到工作了。」黃副總大笑地說。

小趙又搖了一搖頭顱，苦笑道：「哪裏還能有那種造化？這幾個月不知道寄出了多少履歷，全都石沉大海，跟其它券商的朋友問起來，大家都說公司正在裁員，什麼時候輪到他們都不知道，此刻是泥菩薩過江，自身難保。」

從 2008 年中旬開始，台灣的就業市場開始瀰漫一股肅殺之氣，受到原油及原物料價格上漲的衝擊導致就業市場急凍，隨後國際金融海嘯無可避免地擴散至台灣，這幾個月以來中小型企業、店家，關門的多、新開的少，失業率已經突破 5%，還在節節高昇中，因業務緊縮或關廠歇業而失業的人數，增加的幅度與速度為歷年之最。

除了關廠、裁員之外，「無薪休假」這個嚴重影響勞工所得安全的擬似失業型態，竟然被當時的行政院長吳敦義誇獎這個創意可以得諾貝爾獎，因為這種手段比裁員溫和，一方面削減企業支出，讓企業面對景氣困境時可以度過難過，同時也避免了企業大舉裁員，造成員工失業，但是對於員工而言，無薪假仍然屬於「暫時性失業」，家庭經濟仍然受到影響，對於未來也充滿不確定性。

黃副總與小趙兩人邊說邊過了馬路，找了家餐廳坐了下來。

「小趙，」黃副總安慰小趙說：「你現在還年輕，也不用太擔心啦，景氣好壞都只是一時的，長期來看都會回到常軌上。我記得 1999 年的時候個人電腦 (PC) 市場很不景氣，因為千禧蟲的問題，消費者害怕在當時買電腦，一到新的世紀馬上就不能用，全都採取觀望的態度，結果跨入 2000 年後壓縮的需求立刻爆發出來，本來第一季應該是傳統的 PC 淡季，銷售狀況卻比前一年的第四季旺季還要好，反而是這種情況才令人擔心，你看，下半年不就開始網路泡沫破滅了嗎？所以在谷底反而不用擔心，蹲得愈低，跳得愈高。」

「副總說得對，」小趙在那個時候已經進入證券市場了，對當時的景氣可說是記憶猶新。「2000 年開始的時候景氣很好，股市動輒都有兩千億以上的成交量，我靠獎金加貸款買了一台 BMW 520，結果下半年景氣反轉，我逼不得已又把車賣掉，虧了不少錢，真的是爬得愈高，跌得愈深。」

「總算你有福氣！」黃副總伸出大手拍了一下小趙的肩膀，「年輕時就碰到困境，不要等到年紀大了才來面對，可能就走不出來了。你看看吳董…」

說著兩人都想起吳董居然就這麼走了，感到唏噓不已。

「副總，」小趙的表情忽然認真了起來，「你覺得現在是進場投資的好時機嗎？」

黃副總不防他有此一問，看著小趙，點了幾下頭，隔了半晌，才長長地吁了一口氣。「年輕人果然是年輕人，有衝勁，有膽識。你有什麼想法嗎？」

這時服務生端上了餐點。這是一家義大利麵館，兩人都是大食量且不挑食的男生，唏哩呼嚕地就低頭吃了起來。

用餐完畢，小趙擦了擦嘴，開口說道：「這個地方我好久沒回來了，畢業以後就在公司附近的南港國宅租了房子，平常都在信義區活動。以前的同學好多都自己開了公司，那個時候景氣很好，籌錢容易，開個網路公司也要不了多少錢，衝起一點點流量就可以對外募資，話都說得很好聽，什麼只要百分之一的用戶或千分之一的用戶願意付錢，就有幾千幾百萬的獲利，有的大餅畫的更誇張，還說可以打進全球市場，營收會有好幾億，結果原本免付費的方式一改成付費，網站的流量馬上消失不見，使用者只想用免費的，這邊收錢，他就往別的地方去。」

黃副總對那時的大環境也很熟悉：「對呀，本來投資人都是看本益比，算回收年數，結果網路公司只會燒錢，根本沒有營收，投資界就創了一個新名詞，叫做本夢比，笑死人了，夢可以當飯吃嗎？」

小趙又接著說：「還是股神巴菲特厲害，那一波網路泡沫幾乎完全沒有受傷，那個年代他堅持不踏進網路投資，以致 1999 年他的投資公司波克夏獲利降到有史以來最低點 0.5%，結果網路泡沫破滅之後，在一向如同家族聚會的股東大會上，有股東站起來感謝大師帶大家躲過網路泡沫化。中國有句古話叫：『生意不熟不做』，巴菲特是不熟的股票不做，所以他永遠只買一些傳統行業的股票，而不去碰那些高科技股。2000 年初，網路股高潮的時候，巴菲特卻沒有購買，那時大家一致認為他已經落後了，但是現在回頭一看，網路泡沫埋葬的是一批瘋狂的投機客，巴菲特再一次展現了其穩健的投資大師風采，成為最大的贏家。」

黃副總笑了一笑說：「其實前提是要抱得住，我聽說巴菲特的持股很少低於八年的，如果用這個標準來選股，當然會對公司的營運狀況與前景做深入的研究。像女人一樣，如果只是交個女朋友做伴，玩一玩就好，那隨便挑隨便選，不合就散，可是選老婆就要仔細了，個性、學歷、家世背景、人生觀和價值觀、生活習慣…通通要考慮到，不然哪天不合要分開，就不是兩個人的事而已了。」

小趙覺得這個比喻很有意思，於是問道：「那副總呢？認識你這麼久，從來沒看你帶女生給我們認識，是藏起來不讓大家知道，還是真的沒有對象？」

黃副總又是哈哈一笑：「女人很麻煩，我完全沒輒。我跟巴菲特一樣，不熟的東西不碰，我每天打球、打電動、玩車、跟朋友聊天吃飯，快活的很，女人可不像股票，買了就可以擺在那邊不看，她是會管你的，囉哩叭嗦的，重點是說變臉就變臉，完全就是禍水。」

小趙說道：「買了就擺在那邊不看？這恐怕只有副總可以做得到吧！我們要是買了股票，每天一定會去看看是漲還是跌，心情也會跟著上上下下，還真得跟家裡有個女人一樣。」

黃副總笑問：「那你還想進場玩股票，舒服的日子不過，想自找麻煩呀？」

小趙認真地說：「我也是想到危機入市，剛剛副總講到 PC 市場的需求在 1999 年因為千禧蟲危機被壓縮，到了 2000 年就爆發出來了，我也想說這波金融海嘯是美國的次級房貸所引起的，不應該對電子產品市場產生這麼大的衝擊，完全是因為前景不明，消費力道縮手造成的，等到景氣回穩，民眾開始消費，不要說需求上升，只要回到以前的水準，現在相對股價這麼低，應該就是進場的好時機。」

「你早就該這麼想嘍——」黃副總起身，又拉起小趙說：「走，旁邊溫州街那裡有個小酒吧，我請你喝酒。」

小趙不太會喝酒，問道：「副總不是開車嗎？還要喝酒呀？」

黃副總說：「沒關係，車子放在停車場就好了，我坐計程車回去就可以了。」

小趙又說：「副總家不是在安和路，離這裡很近呀，不要喝太多，應該可以開車回去吧？」

黃副總說：「我才沒在傻咧，一趟計程車要不了一百塊錢，我自己開車，撞到多不划算，而且有顧忌喝酒不能盡興，幹嘛跟它拚呢？」

小趙有點訝異：「我以為副總是很敢拚的，買股票都是幾千幾百萬的單押一支，大漲也不賣，大跌也不跑，心臟應該是很強才對。」

黃副總答：「那是不一樣的情形，你以為我幾千幾百萬的買，但是你知道我有多少錢嗎？不算我那兩間房子，光是股票跟現金就有一億以上，所以我的持股比例只有幾成而已。但是命只有一條，幹嘛拿命開玩笑，就算慢慢開，出事不會怎樣，可是沒有必要啊，怎麼算喝酒開車的期望值都是負的，我為什麼要做這種傻事？」一般人是不太會講自己有多少財產，但黃副總就像在說別人的事一樣，毫不遲疑地就說了出來。

小趙露出欣羡的眼神：「我要是像副總一樣有好幾個億，現在就不用煩惱了。」

黃副總斜眼睨著小趙說：「你有啊，你不是有兩億？」這是電影「賭神二」裡的老梗，說的「兩億」指的是男人的精子數目。

小趙「噗」地笑了出來：「副總，別鬧了，那個不能拿出來買東西啦！」

談笑之間兩人到了位於溫州街上的「86」小酒吧。取名叫「86」，是因為它位在新生南路三段86巷與溫州街的交界處，這裡是頂人文薈萃的地帶，台大學生獨有的桀傲不遜，讓每一家店都獨具一格，常常可以遇見知名作家、不紅的導演、舞台編劇，一頭亂髮畢不了業的研究生更是必然的景象。兩人找了張小桌子坐下，黃副總喝起了龍舌蘭，小趙則只是點了一杯啤酒，事實上，光是一杯他就喝不完了。

「副總，剛才講到市場需求被壓縮，消費者因為前景不明而停止消費，你也認同這個看法嗎？」小趙開口問。

「當然啊，不過2000年之後的科技股崩盤，並不是因為需求的問題，那個時候最主要是因為庫存過剩，這是一個很有趣的現象，叫做啤酒效應。」說著黃副總伸手指彈了彈小趙的啤酒杯。

小趙問：「啤酒效應？」

「對呀，那是寫在彼得．聖吉的『第五項修鍊』裡面，他用了整整一章來說明這個現象，書裡面是用啤酒銷售來舉例，所以被稱為是啤酒效應。」黃副總答道，「假設是零售商與批發商，一直到製造商中間，從下訂單到出貨會有時間差，那麼當市場的需求上升時，第一個知道的一定是零售商，因為銷量增加了嘛，如果零售商發現銷售狀況好，使得它們的庫存水平下降，就會向批發商追加訂單，但是批發商要安排出貨與物流，可能會拖個幾天，這幾天零售商的銷售狀況依然旺盛，可能庫存都不足了，先收了訂金卻無法出貨，於是拚命向批發商催貨，而且不是只有一家零售商如此，是所有的零售商都這樣，那麼批發商就有很大的訂單壓力了。」

「嗯，」小趙點點頭，「就像2000年第一季的PC市場一樣。」

「沒錯，」黃副總繼續說道，「批發商接到那麼多訂單，一定是趕緊要求製造商趕工生產，但是那個時候流行叫做『零庫存』管理，製造商的零組件都是需求多少就訂多少，當下游的需求增加，一路往上遞延推遲，上游的零組件廠商也會感到很大的壓力，同時預估市場需求大增之下，就很可能投資追加生產線。」

黃副總慢慢喝了一口龍舌蘭，等小趙稍微想了一下以後又說：「重點是在整個流程裡面，沒有人真正看得清楚市場需求增加了多少。零售商發現積欠客戶的商品愈來愈多，就一路往上追加訂單，批發商看到市場大好，又加倍向製造商要求出貨，製造商一看出貨長紅，就更勇於投資生產。最後市場需求可能增加了兩成，但製造商卻投入了兩倍的產能。」

小趙一拍大腿說：「所以後來就變成庫存過剩了。」

黃副總又接著說：「對，而且電子產品根本不耐放，科技日新月異，隨時都有新產品出來，庫存跌價的速度非常快，甚至是過了半年就賣不出去了，結果所有的科技大廠都要拚命殺價打消庫存，帳面上全部是赤字，當然股價就崩盤了。」

「那現在呢？」小趙問。

「現在則全然不是這麼一回事。」黃副總一邊喝酒一邊說，「市場的需求根本沒有上升，廠商也不敢增加庫存，甚至是減少產能放無薪假，等市場需求回到常軌，就會面臨沒有東西可賣的窘況，到時候價格一定回升。這其中的關鍵是市場需求增減的速度，如果是慢慢增加或慢慢下降，整個供應鏈裡的每個環節就有充裕的時間反應調整，不會倉促做決定，但現在跟 2000 年初時的市場狀況一樣，都是突然出現了衝擊，只不過那時是往上，現在是往下。」

「哇，聽副總這麼一講，真是令我茅塞頓開，我只想到股價偏低，可以危機入市，卻沒有想到這麼深入的供應鏈問題。」隔了半晌，小趙又問道：「可是這不就像颱風過境菜價大漲一樣，雖然價格上來了，但是卻無貨可賣，這樣廠商也不見得賺得到甜頭呀！」

「你說得對，」黃副總沉吟地說著，「這個時候就要找財務狀況最健全的龍頭廠商，它們的抗壓性最強，照顧員工的能力佳，就不會亂放無薪假，等到景氣一回春，就只有它們吃得到這一塊市場。所以首選應該就是…」

「台積電。」黃副總和小趙異口同聲地說了出來。

坐在回家的公車上，帶著些微的醉意，小趙細細地咀嚼著方才與黃副總的討論。想起剛畢業時可真是意氣風發，一到證券公司沒多久就趕上了難得一見的萬點行情，那個時候投資人像是瘋了一樣，每天不停地追進殺出，他自己的業績獎金也全部投入了股市，工作沒幾個月，手頭上就累積了上百萬的資金，當時同班同學都有很好的出路，大家一見面就在比闊，上餐館全搶著出錢，還專挑貴的東西來點。

在學校時做小組專案老是不見人影，大家都不想跟他分在一組的王凱鈞，畢業前就架了一個電子報訂閱網站，美其名是提供財經分析，其實只是一個讓想炒股的投顧老師在上頭喊盤，沒想到真的有很多人訂閱，畢業後透過老師的介紹，還得到了創投基金的支持，一下子就成了資本額幾千萬的網路公司老闆。王凱鈞完全不懂電腦，找了一個資訊系的同學來維護網頁，後來商學院畢業的同學有好幾個也進了他的公司，抬頭全都是什麼營運長、創業夥伴或是顧問，一天到晚口頭上都是公司願景、發展策略、經營方向，真正做事的就是那個資訊系的工程師，公司賺的錢不多，花起錢倒是挺快的。

小趙為了輸人不輸陣，手頭上有點錢之後就貸款買了名車，結果不到一年的時間，股市崩盤了，還不起貸款只好把車賣掉。接著不景氣好幾年，同學們都不再聯絡，他自己現在的資本還不到剛畢業那一年的一半，人生空轉了好幾年。他想著那些同學應該都是回家當啃老族了，這幾年不景氣，公司倒的多，新開的少，小趙自忽：龍擱淺灘遭蝦戲，虎落平陽被犬欺，自己現在遭逢大環境不佳，就好比是籠中鳥，有志難伸呀。

又回頭想想，黃副總把自己心中的想法做了更好的詮釋與背書，不景氣只是一時的，誰沒遇過困境呢，范仲淹寄居過僧廬，劉備只是個賣鞋販，就算巴菲特也曾經是個送報童，自己可是一出社會就頭角崢嶸，比起來要強得多了，現在危機正是轉機，在這谷底進場重重地押它一把，只要股市一見底反彈，一定可以東山再起，雖然黃副總建議這個時候要買龍頭台積電，但是台積電的股價實在是太牛步了，靠它要等上多久才翻得了身呀！

小趙自己心中倒是另有主意。這幾個月找工作的時候遇上了那個幫王凱鈞寫程式的工程師，他後來到了桃園龜山的一家電子公司，叫做華亞科技，產品是 DRAM（Dynamic Random Access Memory，動態隨機存取記憶體）。聽他介紹，DRAM 是一種半導體記憶體，在電腦上的使用量非常大。2002 年經濟部擬定「兩兆雙星產業發展計畫」，大力推動半導體產業及影像顯示產業，華亞科技股份有限公司便成立於 2003 年，由南科及英飛凌共同設立，藉與英飛凌之合作，直接籌建十二吋晶圓廠，並取得技術夥伴奇夢達之授權而投入 DRAM 之生產。

這個「兩兆雙星產業發展計畫」後來卻害慘了許多投資人。政府一方面背書大量低利借款給 LCD(Liquid Crystal Display, 液晶顯示器) 和 DRAM 廠商，另一方面卻限制廠商不得到大陸設廠，在「積極管理，有效開放」的政策之下，LCD 產業欲前往投資，政府就規定必須在台灣蓋十代線之後才能出去，DRAM 業者想前進中國，政府也規定 8 吋以上晶圓廠技術不准出口。就這樣，大陸扶植的本土面板廠商逐漸吸取國外技術而壯大，台灣業者卻由當時的面板五虎（友達光電、奇美電子、廣輝電子、中華映管、瀚宇彩晶），萎縮成後來的面板雙雄（友達光電與奇美電子，後者於 2010 年併入群創光電）。更慘的是 DRAM 產業，它們在拿到政府資金之後急於做出成效，不願意牛步當車自己開發技術，紛紛向國外大廠購買授權，以快速投入生產，可是這就像用別人的武器上戰場，最後命脈會掌握在別人的手中，經過幾年之後，韓國的三星與海力士靠著自有技術後來居上，台灣把一度是 DRAM 大國的頭銜拱手讓人。

事實上，台灣發展 LCD 與 DRAM 的時程都要早過當前的競爭對手韓國與中國大陸。在當年，日本產業開始將相關技術進行技轉的當下，台灣廠商得利於長期與日本企業合作的關係，首先得到技術的傳承，開始發展台灣的「兩兆」產業。最興盛的 1990 年代，台灣的 LCD 與 DRAM 產值一度是全球排名前三名的地區，不但為台灣創造了就業機會，更把大量的資金與人才吸納到這兩個產業去，成為產業中的當紅炸子雞，使其他產業企業主眼紅。

結果現在國內的 DRAM 廠商技術能力已經落後韓國的三星與海力士一個世代以上，人家已經發展到 50 奈米以下的製程，台廠仍停留在 90 奈米，因此生產成本高出一半，當 DRAM 價格維持在高檔的時候，還勉強可以獲利，但是現在 DRAM 一顆從 6 美元掉到 40 美分，做一顆賠兩顆，就連龍頭廠商都在燒錢，處於 DRAM 製造金字塔下層的台廠，因為製程落後、成本較高，加上還要支付權利金與授權金給國外的技術母廠，燒錢的速度更快。

因為市場的價格低於製造成本，產線繼續開工生產只會加快虧損的速度，所以國內的力晶、茂德等製造大廠，都已經有一半的生產線停產，尤其嚴峻的是：因為政府背書，國內銀行對 DRAM 產業放款總額已達 1,800 億元，看樣子不出半年，可能就有幾家大廠要關門大吉，即使在國外，日本的爾必達也已經亟需紓困，華亞科技的母公司之一──英飛凌也傳出財務危機，將華亞科技的股權出售給美國的美光，那個小趙認識的工程師就在這一波合併後的裁員名單之中，才會和小趙在求職市場上碰了頭。

小趙現在心裡想的是：DRAM 的製程從投片到產出，大約要三個半月，現在如果大家都停工不生產，那麼三個半月以後，市場的供給一定會大幅減少，DRAM 價格勢必上揚，就和風災農損之後菜價必漲一樣，屆時誰停產的數量少，就會是最大贏家。韓國大廠是不用說了，它們根本不停產，傾盡全力要把這些陷入危機的競爭對手趕出市場，但是最後一定還是會留下一家，不然很可能要面對美國的反傾銷與反獨佔訴訟，看起來華亞科技最有可能是會留下來的那一家。

首先，華亞科技的母公司是台塑集團，這可是財力雄厚的大集團，力晶和茂德都已經落入債務陷阱，但華亞科技的負債比率大約只有 6 成，遠比力晶的 8 成與茂德的 9 成要好得多，事實上再繼續虧損下去，很快力晶與茂德的負債比率就會超過百分之百，等同是破產了，如果最後台灣還能留下一家 DRAM 廠商，那一定是華亞科技。

其次，華亞科技和母公司南科與英飛凌（後來由美光取代）簽定有銷售契約，母公司必須全數按照生產成本加固定獲利取走所生產的 DRAM 顆粒，因此在這波停產的風潮當中，只有華亞科技不停產，到時候市場價格翻揚，它就成了最大贏家。

思念及此，小趙拿出手機翻查了一下華亞科技最近的股價，今年（2008 年）年中的時候還有接近 30 元，現在已經跌到 7 元以下了，如果明年景氣回升，至少可以回到今年高點的一半以上，那就會有一倍以上的獲利了，他算算手頭上可投資的金額大概還有 50 萬元，翻倍以後是 100 萬元，似乎還是回不到過去的榮光，有什麼辦法能讓獲利再往上攀升呢？

2008/5~2009/4 華亞科技股價

資料來源：Goodinfo! 台灣股市資訊網

小趙首先想到的就是來回波段操作。任何股票在上漲的過程中，一定還是會有震盪，漲高必拉回，跌深必反彈。他在營業員的生涯中看過很多高手可以利用高檔賣出，低檔接回的方式來擴大獲利。曾經有一個客戶是補習班老師，他光是利用均線與乖離率，就在兩年內把資本由 200 萬擴增到 9000 多萬，差一點就可以破億了。只可惜在網路泡沫中因為不斷低接受了重傷，最後把獲利又全部回吐回去，如果能早一點見好就收，就可以提早過舒服的財富自由人生了。

這個補習班老師有一句名言:「山頂上玩,有誰能贏;谷底進場,不贏也難。」後來被某投顧老師拿去用了,畢竟那個投顧老師也曾經是學生呀!

事實上這就是美國投資專家葛蘭碧所提出根據移動平均線交易的八大法則。透過乖離、交叉等邏輯,建構出來的均線交易系統,葛蘭碧認為價格的波動具有某種規律,而移動平均線則代表著趨勢行進的方向。

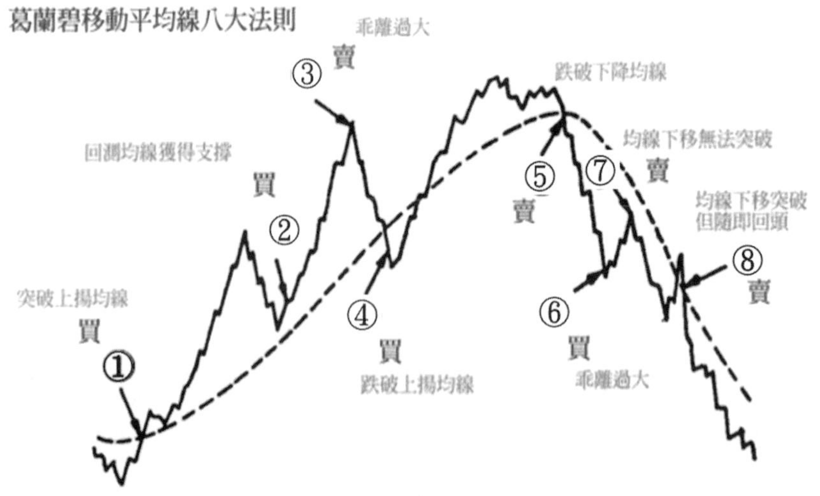

資料來源:玩股網

1. **突破**:當移動平均線從下降趨勢逐漸轉變為盤整或呈現上彎跡象時,代表著股價的趨勢發生的改變,均線的上下彎代表著的是股價的趨勢方向。若價格由下方向上穿移動平均線,且移動平均線往上彎的時候,即為買進的訊號。

2. **有支撐**：當價格的趨勢走在移動平均線之上，價格下跌回測均線但卻未跌破，便再度反彈向上漲，代表均線提供了一個顯著的支撐，行情並沒有要轉向的意味，這邊拉回亦可視為買進訊號。

3. **正乖離過大**：當價格往上急漲，而且高高地遠離於移動平均線上，開始反轉下降又趨向於移動平均線時，為賣出之訊號。

4. **假跌破**：雖然價格往下跌破移動平均線，但股價很快地又漲回到移動平均線之上，更重要的是決定趨勢方向的移動平均線依然呈現上行的走勢，代表剛剛的跌破僅僅是市場主力騙線，把市場散戶甩出，整體趨勢尚無明顯變化，因此仍然可以視為買進的訊號。

5. **跌破**：當移動平均線從原本的上升趨勢逐漸因為股價走勢改變，轉變成橫盤震盪或呈現下彎的跡象時，這時候如果價格從上方跌破移動平均線，而均線也往下彎時，代表股價可能轉為空方格局，這時候是一個賣出的訊號。

6. **負乖離過大**：當價格往下急跌，不僅跌破移動平均線，而且還跌的非常地深。這時候因為與市場價格乖離太大，容易引發短線搶反彈的買盤湧進，因此當價格開始反彈上漲又趨向於移動平均線時視為買進之訊號。

7. **有壓力**：當價格的趨勢走在移動平均線之下，價格上漲但卻未能穿破移動平均線，再度反轉下跌，亦可視為賣出訊號。

8. **假突破**：雖然價格往上漲穿破移動平均線，但隨即又回跌到移動平均線之下，且此時移動平均線依然呈現下跌的趨勢，依然可以視為賣出的訊號。

小趙自忖此時正是谷底，如果華亞科真如預期一般地落底反彈（不是如果，小趙想，一定會反彈的，因為產業的供需結構已經決定了未來方向），應該不會有什麼拉回的機會，如果賣掉了恐怕會錯失一大段行情，必須再想其它操作辦法才行。

如果用融資呢？所謂融資就是投資人只拿出部份的資金，其它不夠的部份則以買進的股票向券商質押借錢補足，這個自己拿出的資金成數，證券交易所透過證券金融公司有一定的規定，台灣股市大部份上市的股票都規定融資時自有資金的成數是 4 成，也就是說另外 6 成資金必須透過向證券公司借款補足。當然了，借款會有利息，大部份券商的融資利息按約 6% 計算，借幾天就算幾天的利息，小趙估計 DRAM 市場在三個月後就會缺貨，導致 DRAM 顆粒的價格飆升，那就是四分之一個年度，因此大約要負擔 6%÷4 ＝ 1.5% 的利息，相較於可預期的獲利，當然是微不足道。

現在華亞科的價錢在 7 元左右，如果全部以自有資金買進，每張是 1,000 股，就需要 7,000 元才能買一張，自己的 50 萬大約可以買到 70 幾張，但如果使用融資買進，則每一張的自備資金只需要 2,800 元，他就可以買到快 200 張了，按照規劃，每一張從 7 元漲到 15 元，可以賺七、八千元，總獲利就是 150 萬元，這樣就可以一次翻身了。

當小趙的如意算盤打的叮噹響之時，忽然想到：不行呀，華亞科目前的股價已經跌破票面值 10 元，已經被取消信用交易的資格，這樣就不能使用融資買進了。自己是營業員，怎麼會忘了這一點呢？這條路行不通呀。

這個晚上，小趙輾轉反側，夜不成眠，覺得他的胸口像是壓了一塊巨石一般，十分的難受。他很少喝酒，才一杯啤酒就頭痛欲裂。今天被黃副總拉去的酒吧，小趙不知道經過了多少次，卻從來沒有走進去過，看到那麼晚了還有這麼多人在酒吧裡，才知道這個世界原來有這麼多的樣貌，這麼多的人，而且每個人都有自己的煩惱。

想到這裡，小趙忽然發現認識黃副總這麼多年，卻從來沒有看過黃副總皺起眉頭的樣子，他總是帶著一臉陽光燦爛的笑容，好像沒有什麼事可以煩憂一樣。聽公司的前輩說起過，黃副總有一半以上的身家是靠著股市賺來的，而且往往只單押少數個股，例如在宏達電一檔股票上似乎就重押了好幾千萬，雖然黃副總是在 2002 年宏達電股價才 200 元時就買進了，但隨後兩年的時間股價都回不去掛牌時的價格，也沒看他關心過股價，2006 年宏達電漲到了 1,200 元，黃副總的宏達電持股應該曾經價值上億吧，依然沒見他有什麼欣喜若狂的樣子，也沒聽說他賣股票，現在股市行情不好，宏達電又跌到了 300 元，該不會他在這個時候轉換持股到台積電吧？為什麼黃副總總是可以這麼篤定又淡定呢？難道股市對黃副總來說真的只是如幻影一般嗎？既然如此，他又何需跨入股市呢？又或著黃副總可以對一家公司的股價洞悉未來？可他小趙此時就很確信華亞科的股價會落底反彈，卻反而因此睡不著覺了，苦惱著要如何利用這股先見之明將獲利極大化。

想著想著，不覺倦意上來，小趙終於沉沉睡去了。

隔天清早起來，還在迷迷糊糊的，小趙好像想到了什麼東西。他一邊梳洗，一邊回想昨天與黃副總在酒吧裡，看到一個滿頭亂髮，獨自抽著悶煙的研究生，就像是以前公司經理涂壯竹，有段時間也老是一個人在樓梯間的吸煙區發呆。那是 2003 年 SARS 疫情爆發以後，百業蕭條，股市跌到了谷底，每天的成交量只有兩、三百億，小趙身為營業員，卻也只能空望著一聲不響的電話，跟 2000 年時交易廳裡繁忙的景像不可同日而語。

那時大家都聽說涂經理在宏達電這家公司賠光了所有積蓄，心情不好，誰都不敢去招惹他。也真是命運捉弄人，涂經理和黃副總眼光精準，都在宏達電身上押了重注，就差在用了不同的投資工具，黃副總買現股，涂經理卻用了權證。權證是一種選擇權，具有時間價值，所以除了要看對方向以外，也要明確掌握起漲的時間，才能確實獲利。黃副總的現股可以一抱好幾年，但是涂經理的權證在一年以後就到期了，結果宏達電拖了三年才起漲，小趙心想，如果是自己恐怕更是嘔得要命，人家常說：「投資股市最嘔的不是賠錢，而是該賺的沒賺到」，如果是明明可以賺大錢，結果卻賠了錢，應該是比最嘔的事還要更嘔吧！

忽然小趙腦袋裡靈光一閃：「我現在不只確定華亞科會漲，而且明確地知道它一定是在三個月之內飆漲，那我為什麼不用權證呢？『水能載舟，亦能覆舟』，涂經理翻了船，是因為沒有掌握到起漲時機，我就不一樣了，我已經知道時間點就在三個月後，何不利用權證來擴大獲利？」

想著想著，小趙連早餐也不吃了，趕緊到書桌前打開電腦，連至「公開資訊觀測站」，把華亞科的權證全部列出，仔細分析挑選了起來。

權證代號	權證簡稱	最後交易日	履約截止日	行使比例	履約價
~~04737~~	~~國泰51~~	~~2008/12/5~~	~~2008/12/9~~	~~500~~	~~24.26~~
~~04769~~	~~寶來JU~~	~~2009/3/9~~	~~2009/3/11~~	~~500~~	~~24.61~~
~~04771~~	~~大展A8~~	~~2008/12/9~~	~~2008/12/11~~	~~200~~	~~23.54~~
~~04781~~	~~中信39~~	~~2008/12/10~~	~~2008/12/12~~	~~500~~	~~23.98~~
~~04901~~	~~元富HB~~	~~2008/12/17~~	~~2008/12/19~~	~~500~~	~~21.44~~
~~05258~~	~~大華GP~~	~~2009/1/15~~	~~2009/1/17~~	~~500~~	~~17.25~~
~~05532~~	~~國泰84~~	~~2009/3/10~~	~~2009/3/12~~	~~500~~	~~15.54~~
~~05558~~	~~寶來LR~~	~~2009/5/11~~	~~2009/5/13~~	~~500~~	~~15.1~~
05756	大華JM	2009/3/6	2009/3/10	500	12.31
05764	國泰93	2009/3/9	2009/3/11	500	11.07
05807	群益ND	2009/3/19	2009/3/23	500	11.23

資料來源：公開資訊觀測站

因為預期三個月後價格才會到高點，所以履約日在 2009 年 3 月以前的就不考慮了，而且履約價也不能太高，畢竟華亞科技現在的股價只有 7 元，在三個月內漲一倍已經是很好的表現，履約價超過 15 元的也不予以考慮，最後只剩下了 05756 大華 JM、05764 國泰 93 與 05807 群益 ND 這三檔權證。

小趙又到交易所的網站，查了一查它們在昨天 (2008/12/1) 的收盤價，分別是大華 JM 0.09 元、國泰 93 0.21 元，與群益 ND 0.22 元，恰如其分地反映出了履約價的高低與距離到期日的長短，小趙決定把資金分為三筆，買了大華 JM 1,800 張、國泰 93 與群益 ND 各 800 張。

他做了一個試算表，假設華亞科的股價在明年三月如果漲到了 12 元、13 元、14 元與 15 元，他的資產總額分別會是多少：

	權證名稱	大華JM	國泰93	群益ND	
華亞科股價↓	持有張數→	1,800	800	800	合計
12 元	結算價值/張	0	0.465	0.385	
	總獲利(千)	-	372	308	680
13 元	結算價值/張	0.345	0.965	0.885	
	總獲利(千)	621	772	708	2,101
14 元	結算價值/張	0.845	1.465	1.385	
	總獲利(千)	1,521	1,172	1,108	3,801
15 元	結算價值/張	1.345	1.965	1.885	
	總獲利(千)	2,421	1,572	1,508	5,501

只要明年三月，華亞科股價到了 12 元以上，他的獲利就會像發射台上起飛的太空梭一樣，往遙遠的外太空奔去，小趙終於心滿意足了。

華燈初上

當臺北市的精華區中山北路一帶華燈四起的時分，陰雨綿綿的天氣，搭配著小巷內的霓虹閃爍，讓位於中山區的條通內，特別有一種佳人就在燈火闌珊處的感覺。其中位在林森北路巷內的 Lounge Bar 店門口，兩位年輕漂亮的女子，分別拿著咖啡蹲在門口。左邊穿著清涼短裙的金鈴開口問：「茱蒂姐，客人什麼時候要來？才五點多，店裡都空空的，就急急忙忙把人家叫來，哪裡有這樣的，是什麼大人物啊？」

茱蒂穿著一襲黑色低胸細肩帶的連身裙，身材十足高䠷，及肩的長髮正好落在裸露的肩膀上。她連頭都沒有轉過去，自顧自地撚著一根細細長長的 YSL 香菸，回答道：「別問了，Leo 哥說今晚不會有其它客人了，整晚就只接待這一組，我也不知道是誰，這種時候還是別知道得太多比較好，反正回去什麼都別說，錢不會少給妳的。」

金鈴才入行沒幾個月，還沒見過這種情形，嬌滴滴地嚷著：「連茱蒂姐也要在這裡等，排場大得很啊！」說完便看見經理 Leo 從裏面竄了出來，一臉急得焦黃，搓手搓腳地朝她嚷道：「妳們還蹲在這裡做什麼，客人快到了，趕快整理好準備迎接。」

茱蒂慢條斯理地站了起來，把手上的香菸扔了出去，拉拉身上的衣服，說：「好啦好啦，Leo 哥，我哪一次給你丟過臉了？這酒吧不靠我這塊老牌子，就撐得起今天這個場面了？金華酒店的臺柱玉如意蕭蕭是誰給挖來的？美美那對姊妹花大百合、小百合是你 Leo 哥搬來的嗎？天天來報到的這些大頭裏，少說也有一半是我的老相識，人家來花鈔票，難道是捧你的場嗎？」茱蒂把她那隻鱷魚皮皮包往肩上一搭，似笑非笑地繼續說著：「酒吧裏的規矩，哪裏用得著你這位大經理來教導了？」

這時一輛積架從巷口轉了進來，金鈴早就起身，把身上的短裙又提高了一些，若隱若現地露出了半個屁股蛋兒。車上下來兩個男子，走在前方的男子年紀稍長，留著小鬍子，茱蒂一見就湊上去挽著他手，整個胸貼在臂膀上說：「哎喲，陳董什麼事這麼好心情，還帶了客人來啊？」

陳董也不客氣，摟住了茱蒂的纖腰，春風得意地說：「茱蒂，你來得正好，我給妳介紹，這是今年要選高雄立委的 Ken 哥，是政治界的菁英，他們可不像我這麼俗氣。」

茱蒂看了看後面那位年輕男子，掛著幾乎遮住整個臉的口罩，背著印有奇美博物館字樣的包包，一眼就把他認了出來，這個 Ken 哥是代父出征，他老爸才是政界喊水會結凍的老將，一直是現任總統的心腹，去年被控涉及多宗弊案遭到起訴，才會退出這次選戰，改由兒子上場。

金鈴可就沒那麼好眼力了，她湊過身去對 Ken 哥鞠躬，發名片。Ken 哥隱約地聞到一種香水的氣息，雖然氣味隱約，卻十分地具侵略性，兩眼不停游移在金鈴修長的兩腿上方。金鈴滿臉笑容說：「我是金鈴，初次見面，請多多指教。Ken 哥是高雄人啊，我也是高雄來的，您對台北的天氣很不習慣吧？」

Ken 哥沒多說話，他幾年前曾經被記者拍到上酒店，當時鬧了很大的新聞，被老爸臭罵一頓，這次上台北本來是和陳董談論選情，當然了，也是爭取他金錢上的支持，陳董邀說要來林森北路時他雖然心動，卻不敢明目張膽地答應，後來陳董說不會有其它人在場，他才欣然同意。

「茱蒂，你們酒店太對不起我了，虧我今天帶來貴賓。Leo 答應我去找幾個有趣的妹妹過來，結果搞了半天，你看，就這麼一個菜鳥？」陳董故做生氣地說道。

「怎麼會呢？」茱蒂滿臉笑容，連忙接話。「Leo 哥說 Ken 哥不喜歡庸脂俗粉，你可別小看金鈴，人家可是大學生呢，才剛入行不久，今天她要是伺候不了 Ken 哥，我就自己去陪他了。」

「那怎麼行呢？妳都還沒陪過我呢，先來親一個吧！」陳董是沙場老將了，Ken 到風月場所的事可不能傳出去，他特別交待 Leo 低調一點，這時卻故意反著說話，不過就是想佔點便宜。

茱蒂看著陳董，嫣然一笑。「哎喲，獻吻有什麼問題，只怕陳董不習慣，嫌我太老了，還是妹妹比較來電。」她給自己斟酒，「這樣好了，我先乾一杯。等會兒再幫陳董鬆鬆筋骨。」

陳董拍了一下她豐潤的屁股，對她說：「哪裡會呢，我就喜歡像你這樣的，最夠味。」

茱蒂故作嬌嗔狀，拍了一下陳董伸出去的手。「才沒有人像你這麼俗氣。」

Ken 聞見金鈴身上的一陣香氣騷動，不曉得為什麼，那隱約的騷動變得刺激得不得了。他把手放在金鈴的大腿上摩娑著，開口問道：「金鈴小姐是大學生呀，什麼學校的？幾年級？讀什麼的？」

金鈴神秘兮兮地笑了笑。「Ken 哥別問啦，人家不好意思說，早就畢業了啦！」金鈴以前在學校參加熱舞社，舉手投足自然有一股韻律感，她畫上了當時日本流行的 109 辣妹妝扮，配上短裙，露出了豐翹的圓臀，就像是 AV 女優飯島愛一般，看得 Ken 的心裡是悸動不已。

「放心啦，Ken 哥，金鈴是學商的，如果你不相信，可以考她呀。」茱蒂接話道。

「學商好啊，學商賺大錢，過兩年存夠了錢，自己開店做生意，前途不可限量。」陳董也跟著帶氣氛。

「陳董太客氣了，人家哪有那麼大的本事，純粹是混飯吃。現在外面生意不好做，做什麼倒什麼，陳董的建設公司是老字號，又是上市公司，才能興旺發財，最近房價一直升高，我們年輕人根本買不起房子，連做夢的能力都沒有，只能靠您賞飯吃才行。」金鈴一邊把頭靠在了 Ken 哥身上，一邊又給陳董戴了一頂高帽。

「這倒是沒錯，自從金融海嘯以後，美國聯邦準備理事會學日本採取量化寬鬆的政策，貨幣供給額不斷增加，本來是想說犧牲通貨膨脹率來降低失業率，結果物價居然也沒漲，還成功地把美國帶出了衰退危機，副作用就是多餘的貨幣供給全部流向了房市，幾年前台北市的房價平均一坪才三十萬，現在隨便都有八、九十萬，確實是『台北居，大不易』。」Ken 是要選立法委員的人，父親是老政治家，對國際情勢和財經政策有深刻的了解。

沒想到這時候金鈴突然開口説道：「量化寬鬆根本就是央行印鈔票，好像龐氏騙局一樣，用後來的錢去補前面的缺口，應該早晚都要爆掉。」

Ken 沒想到這個在風月場所遇到年輕女子居然吐出了這樣的話語，大大地吃了一驚。「金鈴果然是有學問的人，讀書的時候有認真喔！」一雙手這時不知道該不該從金鈴的大腿上收回來。

茱蒂雖然聽得是一頭霧水，卻職業性地端起酒杯：「Ken 哥，我就跟你説金鈴是高材生吧，來，喝酒喝酒。」然後又問：「你們説什麼龐氏騙局啊？是不是騙女孩子的花招呀，説來讓我學一學嘛！」

Ken 説道：「龐氏騙局是非法性質的金融詐騙手法，發生於 20 世紀初的美國，時至今日各種變體依舊存在金融市場中，是一種欺詐形式，它吸引投資者並利用後期投資者的資金向早期投資者支付利息。在龐氏騙局中，投資的回報來自於後來加入的投資者，而非公司本身透過正當投資盈利，即拆東牆補西牆。透過不斷吸引新的投資者加入，以支付前期投資者的利息。隨著更多人加入，資金逐漸入不敷出，直到騙局泡沫爆破時，後期的大量投資者便會蒙受金錢損失。」

陳董這時問：「那怎麼會跟量化寬鬆有關係呢？」

Ken用眼睛看著金鈴，想知道這個女孩子是不是真有兩把刷子。金鈴說：「因為量化寬鬆政策是中央銀行利用憑空創造出來的錢，在公開市場購買國家債券，或是借錢給接受存款機構、從銀行購買資產等。這些都會引起政府債券收益率的下降和銀行同業拆借利率的降低，會增加貨幣貶值的風險，量化寬鬆的手段之一就是加快通脹預期的形成而壓低實際利率，這就像是央行開機印鈔票一樣，鈔票印愈多就愈不值錢，後面的爛攤子就愈難收，所以說就像龐氏騙局一樣。」

Ken 果然對金鈴另眼相看了。他接著說：「這就像重症下猛藥一樣，是非常時期的手段，收尾如果收得不好，就會像 1989 年台灣的股市一般，本來是台灣錢淹腳目，結果政府一提高利率與增稅，馬上就崩盤了。」

陳董雖然不是很明白，但聽到說會崩盤，馬上提高了注意力。「Ken 哥是說現在的景氣只是幻覺，隨時會破滅嗎？」

Ken 不急不徐地說道：「陳董不用緊張，現在時代不一樣了，落後國家的央行釋出資金是印鈔票，像辛巴威，幣值貶到一文不值，先進國家的金融工具可多了，主要是透過調整利率。日本經歷過上個世紀的平成不景氣以後，從 2000 年開始就採取量化寬鬆的政策，本來是不得已而為之，實質利率一度降到為負值，原以為貨幣會大幅貶值，可是你看現在日圓還不是好端端的，跌破了大家的眼鏡。歐美各國就是有鑑於此，才會大膽在金融海嘯以後也採取量化寬鬆的政策，結果果然跟日本一樣，不但帶領景氣走出衰退，失業率下降，物價指數也維持平穩。」

金鈴插話問：「怎麼會有這種事呢？根據經濟學的菲利浦曲線，失業率與通膨率是會存在著反向關係，當通膨率越高時，則失業率越低，反之當通膨率越低時，則失業率越高。怎麼可能失業率下降，通膨率卻不上升呢？」

Ken 望了金鈴一眼，這個女生身材亮眼，講起話來又充滿學問，跟他以往所見的酒店小姐完全不同。茱蒂看氣氛嚴肅了起來，拉著陳董起身說：「唉喲，你們不要欺負人家沒上大學，一直說些讓人家聽不懂的話啦，陳董，你不是說想要我好好陪你嗎？大家來跳舞吧！」

陳董色眼迷矇地攬著茱蒂走入舞池，Ken 也拉著金鈴跳起了三步舞，「咚咚恰、咚咚恰…」Leo 專業地放起唱盤。

Ken 說：「金鈴小姐不容易喲，就算是大學畢業生，也懂不了這麼多知識，還能融會貫通，妳大概本來不是做這行的吧？」

金鈴臉紅了一下，但臉上塗著濃濃的妝並看不出來。她本來在證券公司上班，存了一點錢，想小小地做個投資，跟著前輩賣出選擇權，沒想到前兩年的股市大震盪，不只把她那一點點本金蝕了個精光，居然還倒欠期貨商一大筆錢，不得已才下海陪客。金鈴氣質外形都好，但很挑客人，白天還上著班，平常在店內除非砸下重金提早跟幹部預定，不然很難見到本尊。

金鈴並不正面回答 Ken 哥，卻反問道：「Ken 哥才了不起，今天講的都是我不知道的東西。我要是早認識 Ken 哥就不會在股市賠那麼多錢了。我還不知道可以一邊解救經濟，一邊還維持貨幣穩定，到底是怎麼辦到的呢？」

Ken 摟緊了金鈴，兩手在她的臀部游移，金鈴早就習慣了男人吃她豆腐，白天裡她是端端正正的公司職員，晚上則是妖妖嬈嬈的拜金女。Ken 在金鈴耳邊説道：「那也都是誤打誤撞，一開始政府是算不到這一著的，已經拚著犧牲匯率去救經濟，他們把央行對商銀的重貼現率調降，理論上商銀也會跟著調降放款利率，結果利率是降了，但是放款的對象卻不是面臨困境的藍領階級，而是有房產可以抵押的中產階級。這也難怪，銀行也怕自己的放款收不回來，藍領階級的工作飄搖不定，什麼時候變呆帳也不曉得，有不動產做抵押，對銀行來説還是安心多了。」

「所以呢？這跟維持通貨膨脹率有什麼關係嗎？」金鈴一邊説，一邊把手勾上了 Ken 哥的脖子。

「所以多出來的貨幣供給額就跑到了房地產上面，普通的消費者物價上揚甚少，可是房價地價就一路飆升，有不動產的企業與中產階級就愈來愈有錢，也更有能力投資，創造工作機會，可是平民老百姓的薪資不變，頂多就是還能混個飯吃而已。」

「原來如此，所以一般的食衣住行價格不變，消費者物價指數就能維持穩定了，但是房地產跟奢侈品愈來愈貴，企業的獲利增加，卻不反映到薪資上頭，難怪股市可以一直往上漲，年輕人卻愈來愈窮了。」金鈴想到自己還揹了一身債，不知道何時才能從這苦海解脱，只能強顏歡笑裝瘋賣傻。

當晚金鈴數不清楚到底喝了多少酒，只覺得迷迷糊糊，全身不勝酒力。Ken 雖然覺得腦筋還很清醒，可是被金鈴挑起的情慾卻讓他暈頭轉向。店經理 Leo 這時從吧台後走了出來，帶領倆人進到一個房間，然後退出了房門。

金鈴很清楚接下來該做的事情，她背對著 Ken，一邊搖動著身軀，一邊褪下了短裙，又轉過來把身上的小可愛上衣脫掉，拿起浴巾跟浴袍遞給 Ken 說：「先進去洗個澡吧，我在這裡等你。」

等 Ken 沖洗完畢，穿著浴袍走出來，看見金鈴只穿著黑色的蕾絲花邊胸罩以及內褲伏在床上，蹶起了屁股，他從見到金鈴就一直被她的翹臀吸引住，這時再也忍不住飽脹的慾望，脫掉浴袍就壓了上去。

當 Ken 在金鈴身上起伏時，金鈴想起了 2007 年美國發生次貸危機以後，股市也是像這樣充滿了緊蹦的氣氛，但是下去了總能再攀上來，拉高也會再跌下去，來來回回之間，她做選擇權賣方也有過一段舒服的日子。

金鈴翻過身來，趴坐在 Ken 身上，在他的頸背輕輕地吹氣，Ken 可以感覺到金鈴豐滿的一對乳房正壓在他身上，有彈性地起伏、滑動。他不住地頂高，就像 2008 年上半的股市，在次貸危機的回復中頂到了九千點。金鈴配合著他的動作坐直了起來，抬起屁股又重重地壓下去，彷彿雷曼兄弟倒閉之後，加權指數摜殺到了四千多點。

當 Ken 爆發的時候，金鈴又回憶起 4 月 30 日和 5 月 4 日連續兩個交易日，期貨史無前例地漲停，而她卻是選擇權買權的賣方，在那個春暖花開的日子裡，街上的人們興高采烈地談論股市大漲，她的心卻陰鬱地下著冬雪。Ken 下意識地覺得金鈴叫床的聲音極其不自然，然而更強烈的慾望像狂風巨浪般地席捲一切，讓他毫無思辨的能力。

背水一戰

最近每天小趙和武雄總是在 86 耗到過了半夜才回家。有時候夜晚 86 打烊了，兩人還一起到武雄租的小套房裡，繼續開著燈奮戰著。武雄是程式設計師，專精於網站架設，對於程式技術有特別的執著與興趣，這些寫程式的人都是一樣，埋首苦幹起來沒日沒夜的，很少有朋友，難得小趙雖然不是很懂程式，卻很願意提供點子與資金，並且自願幫他測試程式結果。

當武雄寫程式的時候，小趙就用自己的小筆電連上證交所的股市觀測站，一一地去搜尋權證的履約條件與報價。每當武雄完成一個階段，他就興奮地測試起來，不過常常武雄做的東西並不如他的意，兩人時有爭執。

「這地方的內含價值並不是用標的股價格減去履約價就好了，還要看它是認購或認售權證，當標的股價格大於履約價時，認購權證才有內含價值，反過來說，認售權證要在標的股價格小於履約價時才有內含價值⋯」

「內含價值不能只算兩個價格的差異，還要乘上行使比例才行。行使比例就是一張權證可以認購或認售標的股的數量，500 股的話要乘上 0.5，200 股要乘上 0.2⋯」

「你這個程式是不是當掉了？怎麼等那麼久都沒有回應？」

「那些沒有內含價值的權證可以剔除了，它們根本不可能有套利的機會⋯」

小趙請武雄做的是一個權證套利程式，若要交待清楚，必須從頭說起。

去年 (2008) 底當華亞科股價還在 7 塊多的時候，小趙把手頭上的資金全投入了華亞科的權證，他認為當時 DRAM 的產線過半停機，在今年一定會發生缺貨現象，DRAM 顆粒的價格也會上揚，股價必然水漲船高。

果不其然，一跨入 2009 年，DRAM 價格就跟生肖進入牛年一般地牛氣沖天，從最低只有 0.5（美元／顆），拉高到 1.2（美元／顆）以上，華亞科的股價也在農曆年後走高到 14 元以上，足足漲了一倍，一一越過了小趙所買權證的履約價，帳面上的資產淨值高達 500 萬，總報酬率超過 900%。

2008 下半年 ~2009 上半年 DRAM 價格走勢

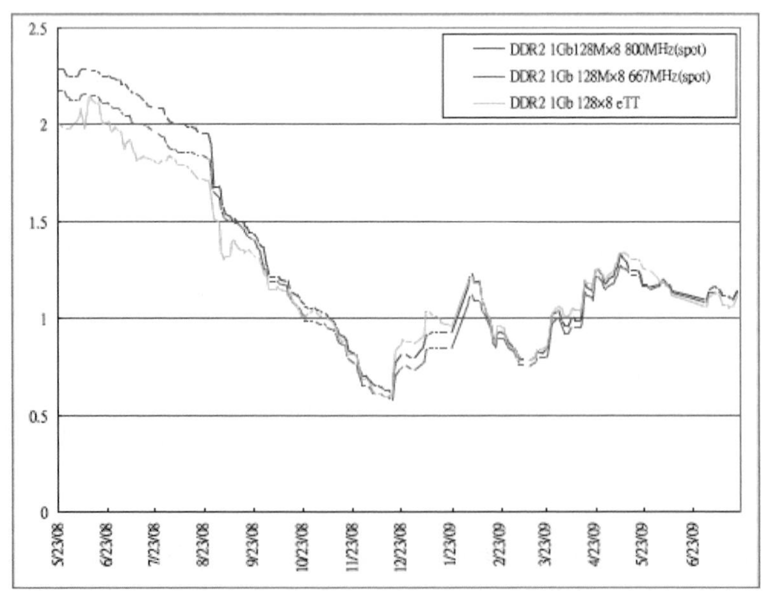

資料來源：Bloomberg

照著小趙當初的規劃，當華亞科的股價超過權證履約價時，他就要開始獲利了結，可是就有一個檻他過不去：市場上報出的權證買價老是過不了它的內含價值。這在理論上是不應該發生的事，但它就是發生了。

2009 年春節前的封關日是 1 月 21 日，這一天華亞科的收盤價已經到了 10.2 元，小趙所持有的三檔權證裡，05756 大華 JM 的封關價是 0.14 元，成本為 0.09 元；05764 國泰 93 的封關價是 0.24 元，成本為 0.21 元；05807 群益 ND 封關價是 0.36 元，成本為 0.22 元。三檔權證都已經處於獲利狀態了。

這三檔權證當中履約價最低的是國泰 93，為 11.07 元，到期日是 3 月 11 日，最後交易日是 3 月 9 日，還有一個月以上的時間，而且其它的兩檔權證群益 ND 的履約價是 11.23 元，大華 JM 是 12.31 元，也都只有一步之遙，輕易就可以突破。整個過年期間小趙都做著美夢，他知道華亞科的股價還會繼續往上漲，這是因為產業供給斷鏈所造成的，是無法扭轉的結構性因素，他的心情就像當年考完聯考一樣，自己的表現如何自己知道，十拿九穩，就等著放榜而已了。

小趙心裡想：華亞科要漲到 15 元應該是沒有問題，更高都有可能，他也不貪心，只要一進入價內（標的股價格大於履約價）就要開始獲利了結，這個時候穩紮穩打，慢慢把資金抽回來，從股市過去的歷史來看，大跌之後必有大漲，這一波金融海嘯把許多體質不健全的公司都踢出市場了，龍頭企業的股價都很便宜，不管看本益比或是股價淨值比，都是進場的好時機，如果手頭上有現金就可以慢慢佈局，2009 年必定是大多頭，這是一輩子難以遇上的好機會，他小趙就靠這一把翻身了。

2009 年 2 月華亞科與權證股價

	華亞科	大華JM	國泰93	群益ND
2009/2/2	10.9	0.18	0.32	0.5
2009/2/3	11.65	0.29	0.55	0.65
2009/2/4	11.75	0.24	0.51	0.56
2009/2/5	11.95	0.23	0.53	0.62
2009/2/6	12.55	0.43	0.71	0.82
2009/2/9	13	0.52	0.85	1
2009/2/10	13.9	0.97	1.3	1.45
2009/2/11	13.1	0.5	1.25	1.04
2009/2/12	12.4	0.34	0.92	0.8
2009/2/13	12.8	0.43	1.06	0.93
2009/2/16	12.6	0.4	0.94	0.85
2009/2/17	11.75	0.18	0.6	0.46
2009/2/18	11.9	0.24	0.43	0.5
2009/2/19	12	0.21	0.45	0.53
2009/2/20	12.8	0.44	0.77	0.92
2009/2/23	13.2	0.57	1	0.92
2009/2/24	12.8	0.49	0.93	0.9
2009/2/25	12.35	0.44	0.75	0.7
2009/2/26	12.2	0.26	0.58	--
2009/2/27	12	0.24	0.51	0.61

資料來源：台灣證券交易所

過完年在 2 月 2 日開紅盤，華亞科的股價就扶搖直上，收在漲停板 10.9 元，氣勢銳不可當。第二個交易日又是一根漲停板，來到 11.65 元，一舉攻破國泰 93 與群益 ND 的履約價，兩個交易日裡，他手中的三檔權證價值就翻了一倍。一個禮拜還沒過完，就連履約價最高的大華 JM 都進入價內了。

小趙興奮地想要獲利了結，卻發現市場的價格總是難以越過內含價值。例如在 2009/2/11（三）這一天，華亞科的股價最高來到 14.8 元，大華 JM 的內含價值是 1.245 元，市場價格卻只有 1.14 元；國泰 93 的內含價值是 1.865 元，市價只有 1.77 元；群益 ND 的內含價值是 1.785 元，市價為 1.75 元，此一瞬間小趙持有權證的總內含價值應該已經有 516 萬元了，理論上應該還要加上時間價值，才是他應得的獲利，可是按照這樣的市價，他只能拿到 486 萬元——時間價值居然是負數，這太不合理了，小趙很不甘心，實在不願意在這個地方吃虧，因此遲遲無法下手賣出。

2009/2/11 **華亞科與權證報價**

代碼	股名	履約價	開盤	最高	最低	收盤
3474	華亞科		14.05	14.8	12.95	13.1
05756	大華JM	12.31	0.95	1.14	0.5	0.5
	（內含價值）		0.87	1.245	0.32	0.395
05764	國泰93	11.07	1.1	1.77	0.83	1.25
	（內含價值）		1.49	1.865	0.94	1.015
05807	群益ND	11.23	1.54	1.75	0.98	1.04
	（內含價值）		1.41	1.785	0.86	0.935

資料來源：證交所，黃正傳 , CFA 整理

小趙並不全然是貪心，還想要等華亞科再漲上去，他很清楚經過金融海嘯之後，全球經濟依然是需求不振，這一波的 DRAM 價格上揚完全是因為供給面出了問題，等過一段時間滿足短暫的供不應求之後，價格又會跌下來，他也急著要獲利了結，可是理論上完全不應該發生市價低於內含價值這樣的事情，他想早晚市場還是要還他公道，大不了放到結算日去履約…結果等著等著，華亞科的股價卻開始盤整，明明 DRAM 的顆粒報價持續創高，但華亞科的股價卻

彷彿有一座跨不過去的山蓋住，那座山的高度，居然就和他所持有權證的履約價格相近，每每到了 13 元，就又被壓回來，可是要說他看錯卻又不是，因為股價並沒有被大幅壓回，只是一直在 11~13 元之間徘徊。

人性就是這樣，如果不是在開紅盤之後連續兩天漲停，讓小趙做了一番美夢，他此時應該早就獲利了結了，畢竟距離到期日只剩下一個月了，他的權證隨便賣，報酬率都在 100% 以上，錯就錯在兩個點上：一是小趙見過華亞科拉高到 14.8 元，基本面的產業結構正如他所預期，出現了供不應求的狀況，可預期短期內 DRAM 產業已見底反彈，所以股價沒有往下的空間，盤整一陣之後一定會再漲；二是小趙乃台大商研所的碩士，他明白權證的價值由內含價值和時間價值相加而得，如果處於價內，內含價值是正數，處於價外時內含價值為 0，而理論上時間價值永遠是正的，就因為深諳這一點，所以小趙沒有辦法接受用比內含價值更低的價格出售權證，因為那就代表著時間價值是負數，好比是花了時間去工作，結果不僅沒拿到薪水，還要倒貼買公司的產品，感覺就像被詐欺一般，他的自尊心不容許這種事情發生在自己身上。

此時小趙就在天堂與地獄的一線間游走，明明是獲利豐厚，卻遲遲不能下單了結。愈是逼近到期日，他的獲利要再往上走的機會就更小，這個他早就在以前的證券公司聽涂經理解說過一次：距離到期日愈長，就有更多機會讓股價震盪，而權證是一種選擇權，當股價往下的時候，風險是有限的，股價若是往上，獲利的金額就有無限的空間，這個獲利的可能性就是時間價值。然而此時時間價值卻一直是負數。隨著時間過去，他的標準愈降愈低，原本期望華亞科可以漲到 15 元以上，再加上時間價值，十倍獲利都有可能，接著只希望讓他再看到一次 14 元的價格，權證價格回到 1 元以上就好，那樣獲利都還可以有一倍以上，再等下去，到了三月，華亞科的股價居然開始回探權證的履約價。

最早到期的是大華 JM，到期日為 3 月 10 日，最後交易日是 3 月 6 日，履約價為 12.31 元，結果華亞科的股價就在 2 月 26 日跌破了履約價，之後就一直再也站不回去，權證的價格也直直掉落，到最後交易日時只剩下可允許的最低報價— 0.01 元，這檔權證在過完年的時候曾經見到 1 元以上的價格，到此時往下掉了 99%，即使賣出也沒有意義了。華亞科在大華 JM 最後交易日的價格是 11.1 元，除非接下來兩天連續漲停，否則在履約日是不可能有履約價值了。

國泰 93 的到期日只和大華 JM 相差一天，履約價是 11.07 元，沒想到過完了三八婦女節的周末，3 月 9 日華亞科居然跌停，收盤價是 10.4 元，又跌破了國泰 93 的履約價，兩天後在到期日的價格是 10.9 元，剛剛好就收在履約價之下，再一次讓小趙的美夢泡湯。

最後只剩下群益 ND，到期日是 3 月 23 日，最後交易日為 3 月 19 日，履約價是 11.23 元，在最後交易日時，華亞科的股價收在 11.6 元，比履約價高了 0.37 元，乘上行使比例是每張兑換 500 股，也就是 0.5，內含價值為 0.185 元，市場報出最後的交易價格是 0.2 元，小趙已經心死，把手上的 800 張全部出脱了，即使兩天後的到期日華亞科還小漲了一下，收在 11.9 元，多放兩天還可以多拿回一點錢，但對小趙來説，那都已經不重要了，看對做對，卻被市場陰了一把，這股心中的懊惱真是無以復加。

2009 年 3 月、4 月，華亞科與權證的股價

	3474	05756	05764	05807
2009/3/2	11.2	0.1	0.23	0.28
2009/3/3	11.1	0.13	0.23	0.27
2009/3/4	11.65	0.1	0.33	0.42
2009/3/5	11.85	0.14	0.4	0.5
2009/3/6	11.1	0.01	0.18	0.26
2009/3/9	10.4		0.05	0.13
2009/3/10	10.9			0.18
2009/3/11	10.9			0.46
2009/3/12	10.75			0.29
2009/3/13	11			0.17
2009/3/16	11.3			0.26
2009/3/17	11.65			0.39
2009/3/18	12.15			0.44
2009/3/19	11.6			0.2
2009/3/20	11.25			
2009/3/23	11.9			
2009/3/24	11.7			
2009/3/25	12.5			
2009/3/26	13.35			
2009/3/27	14.25			
2009/3/30	14.45			
2009/3/31	13.45			

	3474
2009/4/1	14.35
2009/4/2	13.9
2009/4/3	13.45
2009/4/6	12.85
2009/4/7	13.7
2009/4/8	13.6
2009/4/9	14.55
2009/4/10	14.25
2009/4/13	13.95
2009/4/14	14.9
2009/4/15	14.7
2009/4/16	15.7
2009/4/17	16
2009/4/20	16.4
2009/4/21	17.5
2009/4/22	18.7
2009/4/23	20
2009/4/24	18.6
2009/4/27	17.3
2009/4/28	16.3
2009/4/29	16.3
2009/4/30	17.4

資料來源：台灣證券交易所

在群益 ND 的結算日—3 月 23 日過後不到一個禮拜，華亞科的股價就漲回到 14 元之上，小趙不得不懷疑這一切都是陰謀：明明應該往上漲的華亞科，卻偏偏在這幾檔權證的到期日之前股價被壓回，刻意讓權證沒有履約價值之後，又繼續往上漲。尤其是一個月之後，在 4 月 23 日華亞科的股價居然到了 20 元，如果早一個月發生，他就真的有十倍獲利，千萬資產了。

小趙這時又像游魂似的來到台大操場，看看能不能再遇上黃副總，想要向他一吐苦水，但是這幾天都是陰雨的天氣，球場上根本空空蕩蕩的不見人影。本來不能喝酒的小趙開始每天到 86 小酒吧報到，他心中忿恨不平，惱怒這些券商不僅賺走他的手續費和時間價值，最後連內含價值也要吃乾抹淨不留骨頭，他想要報復，但交易規則就是這樣，在股市賠錢的人，根本找不到可以報復的對象。

這年 (2009) 的 4 月 30 日，台股大漲 378 點、漲幅高達 6.74%，最後有高達 788 家上市櫃公司漲停板收盤，創 18 年來單日最高漲幅，當天台股幾乎全天都維持在 6% 的漲幅之上，次日是五一勞動節，接著兩天是週末，5 月 4 日又是大漲，台指期貨連續兩天都是漲停，不僅空前，而且絕後。正如小趙在年初所預估的一般：牛年的牛氣沖天，但此時他只剩下十多萬的資本，沒有能力再進場沖殺，鬱悶的他走在溫州街上，準備到 86 再去喝悶酒，前方突然走來一個熟悉的身影，是他研究所時的老師 H 教授。

H 教授是清大經濟系畢業，原本不是走學術路線，而是報社的財經記者。他在上個世紀末注意到市場上的封閉型基金有嚴重的折價現象：市價相對於基金淨值低了 20%。所謂封閉型基金是指相對規模較小的基金（3 億以下）為了避免投資人頻繁地贖回，導致基金經理人必須賣股變現，而影響操作策略的穩定性，因此規定投資人不得直接向基金公司要求贖回，必須在市場上尋求買方接手，所以也是在股市交易的金融商品之一。由於不能直接要求贖回，所以封閉型基金的流動性較差，也就是說較難以變現，在市場交易的價格往往低於市價，有的時候折價的幅度還很大。

後來財政部（金管會尚未成立）因此又規定：當封閉型基金上市滿兩年，最近 20 個交易日的平均折價幅度達 20% 時，基金公司須於 3 個月內召開受益人大會；在受益憑證 1/2 以上出席，1/2 以上的出席權數反對開放時，基金維持封閉型態，若流會或表決贊成開放，基金須每 3 個月開放一個交易日供受益人以淨值贖回。

有了規定封閉型基金轉開放的條件之後，如果看到已經 20 個交易日平均折價幅度達 20% 的基金時，它幾乎就確定會轉開放了，因為沒有投資人會希望自己的持股長期折價，而去反對它轉開放。

所以呢？買進封閉型基金等它轉開放，然後再向基金公司要求贖回，就可以直接套利了，H 教授形容這就好像市場瞎了一樣，將蘋果以芭樂乾的價錢賣出，為什麼不買。好笑的是連投信公司自己也不管，放任市場維持大幅度的折價，H 教授因此離開了報社轉而操作起基金套利，利用這個市場的異常現象賺進了一大桶金。

H 教授後來對這個現象深入地研究，發表了好幾篇論文，最後也順利拿到台大的教職，小趙就曾經受教於 H 教授，此時見到 H 教授，正想找人傾訴的他不假思索就走上前去打了聲招呼：「老師，好久不見，您還記得我嗎？」

H 教授本來就是跑新聞出身，沒有一般教授的書匠氣，反而很熱絡地回應：「當然記得，小趙嘛，你不是到證券公司去上班了，這幾天股市大漲，發財囉？」

正是哪壺不開提哪壺，小趙搖了搖頭說：「唉，別提了，今年初一筆本來獲利豐厚的交易，卻被搞得陰溝裡翻船，幾乎血本無歸，現在看著大好機會卻只能望洋興嘆…」

H 教授顯得興味盎然，追問：「要不要説説看？」

這正合小趙的意，便跟著 H 教授回家。

H 教授的家在溫州街靠近和平東路那一頭，是台大的教職員宿舍，本來是一大片的平房，後來改建成集合住宅，用很低的價格租給教職員。H 教授住在三樓，望出去是一片桃花心木，白天應是一片翠綠，但此時黑壓壓的只能看見樹影。師母熱心地切上一盤水果，H 教授則泡上一壺茶。小趙本來還有些拘謹，但一説起股票的事情就放鬆了。

「事情是這樣的…去年金融海嘯的時候，台灣的 DRAM 廠不是被韓國三星與現代打得抬不起頭嗎？其實全球的 DRAM 廠都很慘，德國的英飛凌就傳出財務危機，美國美光也有部份產線停產，日本的爾必達更是需要政府紓困…」

H 教授接口：「我知道，經濟部長尹啟銘宣布成立台灣記憶體公司（Taiwan Memory Company，簡稱 TMC），由聯電榮譽副董事長宣明智擔任召集人，統籌相關整合事務，要與美光、爾必達完成協商談判，共同面對韓國如山一般的壓力。」

小趙又説：「就是那個時候，我想説那麼多 DRAM 產線都停產，過幾個月一定會出現 DRAM 顆粒缺貨的現象，到時候供不應求，報價一定上揚，就會有一波反彈。」

H 教授點點頭，他沒有想到那麼多，但是很認同小趙的説法。

小趙又繼續説：「所以我就想危機入市，買了華亞科的權證，後來華亞科果然從 7 元漲到 14 元…」

H 教授插話：「不只吧，上個月就有到 20 元了，現在搞不好都快 30 元了。」

小趙尷尬地說：「可是我的權證在三月中就到期了，到期日前華亞科的股價一直被壓在履約價之下，直到權證過期股價才開始上揚…」

H 教授很替小趙惋惜：「所以你就血本無歸了？」

小趙失落地說：「我在農曆年後就一直想出脫，可是市場報價居然一直低於權證的內含價值，這跟以前在學校學的完全不一樣，我賣不下手，想說大不了放到履約日，還是要把內含價值吐還給我，沒想到就在到期日前華亞科跌了下來，一直到過期才漲，老師你說，這是不是有陰謀？」

H 教授思索了一下，沒有正面回答小趙的問題：「有這回事兒？權證的價格低於內含價值是很不合理的，這樣會出現套利空間，如果這時候去買進權證，然後放空標的現股，就可以無風險套利了，這也就是套利定價理論 APT(Arbitrage Pricing Theory) 的基礎，APT 認為金融資產的預期收益可以模擬為各種因素或理論市場指數的線性函數，對每個因素變化的敏感性則會通過因子特定的 Beta 係數表達。通過此模型導出的收益率將用於對資產進行正確定價，即資產價格應等於以模型隱含的利率貼現的預期期末價格。如果價格出現分歧，套利應該使其恢復正常…」

他還沒說完，小趙已如觸電一般：「老師是說，應該在時間價值為負數的時候，去放空華亞科，這樣就可以鎖住獲利，當華亞科繼續往上漲的時候，權證的內含價值也會跟著增加，如果華亞科跌下來，雖然權證的價值會減損，但下限就是零，放空的部位獲利反而可以一路增加…」

H 教授點了點頭：「沒錯啊，所以市場上根本就不應該有負時間價值這件事發生，理論上市價永遠要大於內含價值才對。」

小趙的腦袋飛快地轉著，邊想邊說：「那我這次遇到的異象反而是一個獲利機會，只要找到時間價值為負的權證，買進之後同時放空標的現股，就可以穩收獲利了？」

H 教授完全同意。他說：「沒有錯，但既然是無風險，出現的套利空間一定很小，而且可能瞬時即逝，操作的手腳要很快才行。我是沒有力氣去做這種事了，你可以考慮找個程式設計師來寫程式，最近投資市場有一股新興的熱潮，叫做程式交易，就是把機械化的操作模式，用程式來處理，這樣除了快速有效之外，最主要是很多由人來操作會累翻的工作，交給電腦可說是易如反掌。」

小趙的腦海裡馬上浮現了的武雄的影子。武雄是他同學王凱鈞所聘請的工程師。當初王凱鈞成立了一家網路公司，提供投資人市場情報，一開始採取免費訂閱的方式，網站流量很大，很快伺服器就不夠用了，於是到市場上募資，在那個葛林斯班所稱「不理性繁榮」的背景環境之下，網路公司看的是點擊率，而不是收益率，王凱鈞的公司很快就得到創投基金的支持，但那股榮景就像曇花一現，很快在 2000 年下半就迎來了科技泡沫，王凱鈞的公司也草草收了起來。

那個時候全公司的 IT 就靠武雄一個人在運作，後來就是武雄到華亞科去上班，遇上金融海嘯被資遣，重新求職時與小趙相遇，才帶來了 DRAM 市場的資訊，也才有後來小趙投資權證的這段故事。

武雄這時的求職之路依然不順遂，雖然景氣有落底反彈的跡象，但主要都是傳統產業靠著大陸市場在起飛，金融業也稍有起色，可是科技業依然在谷底掙扎，當小趙打電話邀約成立新事業時，他想了一想就答應了。資金的部份就靠著 H 教授贊助，用得是 H 教授的證券帳號，約定好獲利的部份由 H 教授佔一半，小趙和武雄佔另一半。

這時小趙和武雄都是背水一戰了，因此卯足了全力，風風火火地在開發策略與程式。

最後的贏家

提起新生南路的八仙炭烤，那塊招牌是響噹噹的。三杯雞、三杯中卷、炒海瓜子、水蓮、鹽酥龍珠、炸花枝丸、炭烤臭豆腐…還有各種新鮮直送，直接料理的水產漁獲，對台北當地的居民來說，就算沒進去吃過也是久聞大名。小趙雖然不是台北人，但是在台大唸書的時候就跟著學長去過幾次，每次都是被灌醉回來。現在他的酒量可好了，這天把以前證券公司的老朋友都邀了來，一起在這裡敘舊。

事實上相較起來，八仙炭烤的料理還是比不上在海邊漁港的物美價廉，但是在都會中心來說，CP 值算是很好了，尤其是座位正對著大安森林公園，非常適合好友們聚餐喝酒聊天，這裡的交通方便，搭捷運或公車來，酒足飯飽再叫計程車回去，完全不用顧忌喝酒開車的問題，小趙知道黃副總對這一點非常的小心在意，所以選了這個地方，涂壯竹的兩個小孩都已經上大學了，今天也帶著羅美妍一起出席，以前證券公司的同事除了吳董之外，幾乎都到齊了。

大夥兒才剛坐定，酒促小姐馬上就來到跟前：「老板，你們人多，今天試試我們的海尼根吧，這種十公升裝的又便宜，喝起來又方便，我幫你們拿杯子…」

武雄本來兩眼一直飄向穿著皮短裙的沈沁玲，這時又忍不住隨著腳踩著恨天高的酒促小姐晃呀晃的。他是跟著小趙一起來的，這幾年一起合作操作權證套利模型獲利頗豐，對證券市場也有了較為深入的了解，他對這種社交場合並不太能夠適應，但小趙說可以跟前輩見識見識，說不定有什麼新的投資策略可以用在程式交易上，他就來了。

涂壯竹聽說他是程式設計師就很是熱絡：「我最佩服程式設計師了，簡直跟神一樣，我自己玩玩 Excel 還可以，可是對什麼物件導向、網路爬蟲，還有 API 自動下單…這些東西，一直想學又不得其門而入，現在聽說還有一門機器學習的領域，我都不知道要怎麼開始才好。」

武雄本來想說今天自己又會像是外星人一般沒人搭理，這時卻找到同好，兩人正要攀談，卻見劉強生和潔思敏走了進來。

這兩人自從邦泰證券結束營業之後就好像從人間消失一般，是黃副總打了好幾個電話才聯絡上，沒想到潔思敏是挺著大肚子來的，立刻所有人都舉杯向兩人祝賀：「增產報國，生生不息喲！」

黃副總這時開口了：「不是我要講，其實劉強生跟潔思敏剛在一起的時候，我完全不認為他們可以修成正果，」他轉頭面向劉強生：「強生別誤會，你們郎才女貌，非常登對，只是太快在一起了，我想說來得快去得也快，沒想到竟然是真愛一見鐘情。」

沈沁玲也接口：「對啊，我還以為劉強生是花花公子，常常防著他呢！」

劉強生尷尬地笑了笑，這些年他發了福，人也沉穩地多：「大家別取笑我了，別害我回去要跪算盤。」

涂壯竹道：「生小孩辛苦喲，尤其是第一胎，人家說『老大照書養，老二照豬養』，其實小孩都是一樣的養，差別就在於剛開始的時候什麼都不知道，一天到晚緊張地要命，我以前問我媽說：小孩子包著尿布，要怎麼知道他大便了？我媽笑著跟我說：你一定會知道的。」說著舉杯敬了大家，又道：「天啊，那個臭真是讓你想不注意都不行喔！」

潔思敏笑著說：「這裡只有涂經理養過小孩，以後有問題還要多跟你請教。」

涂壯竹連忙答：「別別別，妳問我老婆才對，她才是真正的專家。」

羅美妍這幾年清閒了下來，跟涂壯竹的生活安定，儼然是苦盡甘來，很是惜福：「苦就苦前面幾年，其實是苦樂參半，小孩上學以後雖然輕鬆，但開口閉口就是同學老師的，尤其進入青少年根本就不想搭理父母，到時候想苦都沒得苦了。強生到時候要多幫潔思敏照顧小孩，他們都知道的，誰有照顧他，親近他，長大以後都會記得，像我兩個兒子都跟爸爸親，常常說話我都插不上嘴，只能當煮飯婆而已。」

涂壯竹幸福地笑了笑，他想到在孩子還小的時候，自己投資宏達電權證曾經賠光了積蓄，幸好羅美妍能夠體恤，兩人一起努力才能走出困局，思念及此，就向黃副總問道：「副總的宏達電應該已經賣出了吧！」

黃副總笑著點點頭：「早就賣了，馬英九當上總統不久，我就賣了。」

涂壯竹佩服地說：「還是副總厲害，要是放到現在就剩不到200元了。」

黃副總還是面帶微笑：「差不多啦，我在金融海嘯過後賣的。那一天我和小趙去喝酒，聊到危機入市的佈局，我們的結論是應該找體質健全的龍頭股，所以我就把宏達電全部換成台積電了，那個時候才三百多元，要是多放兩年，還會第二次站上千元關卡呢！」

2008~2014 宏達電日線圖

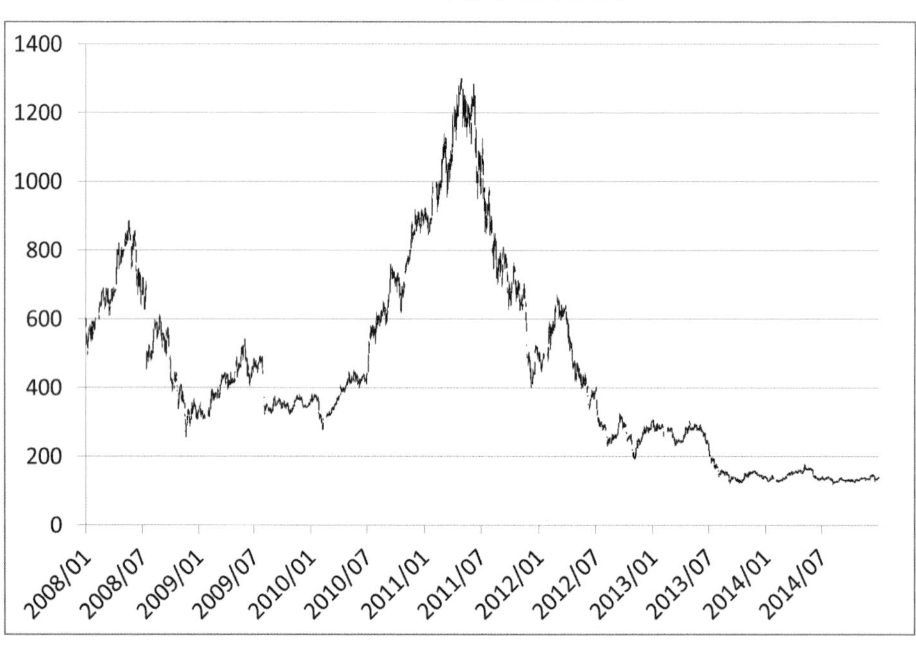

資料來源：群益證券

「哎呀，那副總你看到宏達電又漲回去1,200元時，不是很搥心肝嗎？」沈沁玲這時訝異地問。她這幾年的經歷並不光采，所以很少開口說話。

「不會啦，我又不是一天到晚沒事幹，光在那裡看股票漲還是跌。台積電雖然起落不大，但慢慢穩穩地往上漲，現在也已經到120元了，我買的時候還不到50元耶，這家公司現在在晶圓代工市場幾乎已經沒有競爭對手了，買了放著就好，你們大家也可以去買來放著，反正就當存退休金，很穩當的。」

小趙沒有想到那時和黃副總在86的一席話，他真的照著去執行了。小趙自己後來去買了華亞科的權證，依短期的獲利來說，確實華亞科漲的比較快，但中間的起伏太大，風風雨雨已是難以回首。

黃副總轉頭問：「小趙，你後來去買台積電了嗎？你不是說要危機入市？」

小趙搔了搔頭：「買是買了，但不是買台積電，我買了華亞科，而且是買權證。」

涂壯竹在權證市場曾經吃了大虧，此時接口：「喔喔，那你玩很大喔，現在華亞科是漲到50元了，可是兩年前曾經跌到2元以下，你不可能撐得住吧！」

小趙回答：「什麼2年，我買的權證在三個月內就到期了，而且被券商狠狠陰了一把，那個時候我權證的履約價在12元左右，結果華亞科一路從7元漲了上來，本來都到14元了，卻在到期日前跌了下來，等過了到期日才又繼續往上漲到20元，我一直懷疑是發行券商搞得鬼。」

劉強生這幾年都在券商的衍生性金融商品部門工作，他笑了笑：「你才知道，那個時候權證市場的流動性不好，短視近利的券商很容易在其中搞鬼，後來金管會才會強迫發行券商做造市者，除了在標的現股的價格漲跌停時，都要提供合理的報價，且買價不得低於賣價 10 個升降單位，每筆委託數量最少為 10 張，要不是這樣，投資人只有吃虧的份。」

小趙恨恨地說：「要不是你今天說破，我還真的只能懷疑而已。」話鋒一轉又說：「不過塞翁失馬，焉知非福，後來經過我老師的指點：如果券商的權證報價過低，可以買進權證之後再立即放空現股，進行套利，這幾年我就靠著這個方式賺了不少錢。」

涂壯竹很佩服：「哇，我還真沒想過，那不就只有價內的權證可以這樣做？」

小趙很得意，在酒精的催化之下，他說話更無顧忌：「不只價內，而且要深價內，最好還是快到期的權證才有套利的空間，因為深價內又快到期的權證，時間價值最低，券商如果不積極報價就會出現時間價值為負數的情況，這時就可以套利。」

涂壯竹說：「那必須像你是專職操作才可以辦得到，不然每天光是蒐集跟處理這些資訊就累翻了。」

小趙指著武雄說：「這就是為什麼我需要合作夥伴的原因，武雄是程式高手，跟我合作這幾年之後，現在也算是個市場老手了，業界要找這樣的人可是非常困難，沒有幾個人能夠同時懂程式又懂交易的。我跟他是合作無間，方法我來想，處理資訊交給他，我們是…是…」他一時想不出好的形容詞。

黃副總突然冒出一句：「你前腳長，他後腳長，你們是狼狽為奸。」

眾人爆出哄堂笑聲，大家一起舉杯又敬黃副總。

劉強生跟涂壯竹一樣，都擅長於財務工程，嫻熟衍生性金融商品，他對小趙說：「你這個套利的方法雖然好，但是如果券商不勤於報價，即使完成了買權證空現股的套利策略，也要等到結算才能抽回資金，資金的運用效率並不高，換算成年報酬率恐怕也很有限吧？」

小趙回答：「本來是這樣沒有錯，可是我的金主，也就是我的恩師H教授，他告訴我說：權證分為歐式選擇權跟美式選擇權。美式權證在到期日前的任一個營業日，投資人皆可向發行商要求履約，相對地歐式權證只有在到期日當天才可向發行商申請履約，在台灣目前多以美式權證為主。也就是說，既然時間價值已經是負數，當然就沒有必要等到期才去履約，所以我常常是等T+2日交割之後，就去向券商要求履約，券商就必須按照契約把內含價值償付給我，原本可能要等一、兩個月才到期的權證，馬上就能夠變現了。」

劉強生一拍大腿：「帥呀，那你的券商一定被搞死了，履約程序相當麻煩，集保交割在交易券商，履約卻是向發行券商要求履約，而且還要按照權證發行契約先存入履約價金，細節連我都搞不太清楚呢！」

小趙笑了笑：「對啊，每次去要求履約都要搞上好幾個小時，平常根本沒有人會去做這件事，所以他們都要打好幾個電話才能搞清楚程序，好處是他們總是會奉上免費的咖啡，我就帶本書去看，接受貴賓招待。」

大家都覺得小趙是挖到金礦，紛紛向他恭喜。

小趙推辭説：「前幾年是很好做啦，可是從 2012 年以後，金管會要求券商要積極報價，出現時間價值為負數的機會就變少了。我們的策略只好一直調整，現在即使時間價值是正數，如果比理論價格低，還是會進場套利，只不過就不能再用提前履約這一招了。」

涂壯竹説：「不管怎麼樣，一買一賣鎖住價差，風險就被控制住了，理論上借錢來做都沒問題。」

小趙趕緊道：「代誌毋係呷呢甘單…我上個月就被基亞的權證狠狠教訓了一頓。」

2014 年 7 月 28 日是台灣生技類股發展史上值得記下的日子，這一天，生技股王基亞生技因為肝癌新藥 PI-88 的第三期人體臨床實驗不如預期，股價從前一天的 459 元跳空跌停，帶動生技類股全面無量下跌，套牢所有金主和小投資人。直到 8 月 22 日，基亞連續跌停 20 個交易日，股價最低跌到 112.5 元，創下單一個股連續跌停的最高紀錄，市值跌掉 440 億元，引發的骨牌效應，投顧業估計，超過千億元。

涂壯竹訝異地説：「你有買到基亞的權證嗎？如果有的話，同時再放空現股，應該是賺翻了呀！權證的價值最低跌到零，但是基亞會繼續跌，放空的部位一定大賺才對。」

小趙嘆了口氣道：「問題就是空不到呀！那天一開盤權證跟現股同時跌停，理論上權證跟現股的連動係數會小於 1，武雄的程式馬上就算出權證超跌，於是進場買進權證，可是要放空現股的時候卻空不到，全市場都在賣，哪裡還輪得到我去空，結果就變成開放部位，只能眼睜睜地看權證下跌，卻沒有辦法空現股避險，而且連想要出脫權證都沒辦法了。」

在場諸人雖然都在證券業待過，但財務工程是一門高深的學問，多數人都不知道什麼是連動係數，黃副總馬上就開口問了：「什麼是連動係數？」

涂壯竹解釋道：「連動係數是指標的現股若漲跌 1 塊錢，權證應該漲跌多少。照理論來說，這個值會介於 0 到 1 之間，愈是深價內的權證連動係數會愈高，但無論如何都會小於 1，這是由於時間價值包含了機率在裡面，而機率最大就是百分之百，所以高於 1 是不合理的。」

黃副總聽了還是一知半解，但是他也不求甚解，於是就點了點頭。

涂壯竹轉頭又問小趙：「那你虧掉多少？」

小趙答：「100 萬，這還都要感謝 H 教授，不然一定會虧到翻不了身。我剛開始做權證套利的時候，有一天中美晶的股價在盤中大漲，權證的漲幅卻一路落後，我們的程式就一路追買中美晶的權證，然後放空現股，當天結算下來一共做了 2,500 萬的部位，總獲利超過 20 萬元，結果我卻被 H 教授罵了一頓，他說我沒有控制風險，再怎麼認為穩賺不賠的方法，都不能無限制地使用槓桿，一開始我很不能接受，但是資金是 H 教授的，所以我們在程式裡加上一條：單一權證的部位不能超過 100 萬，要不是有這一條，這次就完蛋了。」

小趙講到賠錢操作基亞權證時，就說是「武雄的程式」，講到賺錢操作中美晶權證就說是「我們的程式」，武雄聽了只是鼻子摸一摸，不做爭辯。

涂壯竹想到自己當初就是看好宏達電，於是把資金全押在宏達電的權證上面，這時他想到一件事，於是轉頭問黃副總：「副總，你還記得僑威銀行的王經理嗎？」

「記得，」黃副總說：「他退休前還到我們公司來過，記得是陳水扁選連任之前吧，算一算有十年囉！」

「對對對，」涂壯竹又說：「那一天臨走時是我送他下樓的，我和他在門口抽菸的時候，他突然問我：你知道你們副總為什麼有這副身家嗎？」

「哦？為什麼？」大家都好奇地問。黃副總卻笑而不語。

「王經理說，那是因為副總敢全押。一般人賺了錢之後，總是會拿出一部份資金，剩下的再繼續投資，可是他說副總總是全押在單一個股上面，絲毫不畏懼，他說副總能成功是因為有 Guts。」

大家聽了都很佩服黃副總，沒想到黃副總哈哈一笑之後，卻說：「胡說八道。我是跟他說過：如果你不敢把身家性命押上去，那就不要投資，可是我從來沒有全押。」

涂壯竹很訝異黃副總這麼說，他自己就很欣羨黃副總從一開始投入聯發科，再到宏達電，如今又押注在台積電，彷彿總是義無反顧地向前衝，除了眼光精準，那份氣魄也真的是無人能及。他問：

「可是副總不是說從一開始就是把所有資金投入聯發科，後來從 200 萬變成 6,000 萬嗎？」

「沒錯啊，那是我所有的錢，可是不是我的身家性命，我那個時候才三十歲，在汽車業務的工作又很穩定，年薪都在百萬元以上，你想想看，這樣我的身家性命值多少錢？ 200 萬元算很多嗎？」黃副總解釋著。

涂壯竹從來沒這樣想過：「所以副總的意思是說：年輕也是本錢嗎？」

黃副總道：「當然啊，誰敢說不是呢？年輕人總是敢拚敢衝，到老卻畏畏縮縮，就是因為年輕人有本錢，跌倒很容易再爬起來，老人就不行了，結果就保守得像個守財奴。」又接著說：「後來我買宏達電的時候，已經有兩棟房子，還是你們的副總，你說，這樣我有全押嗎？我又沒有拿房子去貸款，怎麼能說我全押呢？」

大家一時說不出話來，愣愣地望著黃副總。

黃副總話匣子一開，似乎是要辯駁些什麼，繼續說道：「全押是賭博用語，意思是說：要嘛沒有，要嘛全拿。可是我一直都是投資股票，是公司的股東，公司的員工等於是替我工作，只要他們努力，我就有收穫。不像你們玩那個什麼權證或選擇權，動輒就是歸零或翻倍，那才叫賭博，我一向就不是很認同，或許你們覺得我是老古板，但是我不懂的東西我就不碰。」

場面一時尷尬了起來，但黃副總的這番話對眾人卻是如雷貫耳。

涂壯竹想到自己最當初若不是貪心投入宏達電的權證，到今天雖然宏達電的股價仍是一百多塊，但期間多次的配股配息，總報酬率應該有十倍了。

2002 年買進一張宏達電經配股配息後的資產總額

年度	配息	配股	年末股數	年末股價	股票市值	配取現金	配息合計	總資產額
2002	2	1	1,100	148	162,800	2,000	2,000	164,800
2003	2	2	1,320	125	164,340	2,200	4,200	168,540
2004	2	3	1,716	153	262,548	2,640	6,840	269,388
2005	2	5	2,574	616	1,585,584	3,432	10,272	1,595,856
2006	14	2	3,089	645	1,992,276	36,036	46,308	2,038,584
2007	27	3	4,015	599	2,405,249	83,398	129,706	2,534,954
2008	34	3	5,220	327	1,706,964	136,525	266,231	1,973,194
2009	27	1	5,481	367	2,008,814	140,942	407,173	2,415,987
2010	26	1	5,755	900	5,179,616	142,508	549,680	5,729,297
2011	37	1	6,043	497	3,003,314	212,940	762,620	3,765,935
2012	40	-	6,043	301	1,815,887	241,715	1,004,336	2,820,223
2013	2	-	6,043	141	852,047	12,086	1,016,421	1,868,468
2014	-	-	6,043	142	858,090	-	1,016,421	1,874,511

資料整理：黃正傳 , CFA

小趙也想到自己忙活了老半天，如果買的是華亞科現股而不是權證，雖然這幾年完全沒有配股配息，但是股價從 7 元拉高到現在是 50 元，等於是七倍的獲利了。

華亞科月線圖

沈沁玲更是傷心，她押注在選擇權賣方，不只血本無歸，最後還要揹上一大筆負債，導致她走入風月場所，下海用皮肉錢來清償。

羅美妍的業務員魏碧如，重押之下無法回頭，挪用客戶資金吃上了官司。

這時從遠方吹過一陣涼風，大夥兒不自禁地想起：至少我們不像吳董那樣賠上了性命，還能坐在這裡，就是最後的贏家！

後記

本書中所提及的投資策略大多數是筆者親身操作的經歷，少部份是第二手的見聞。但關於宏達電權證的部份是編出來的：宏達電在 2002 年 3 月掛牌上市，不可能當年度就具有成為權證標的股的資格。

衍生性金融商品是高風險的投資工具，當初被設計出來的主要目的是為了避險，為了達成此一目的，就一定有相對承擔風險的一方。按照財務管理的原理，應該要有承擔風險能力的人，才可以做為避險方的相對交易人，也就是承擔風險的人。

他必須具有以下的資格：

1. 高資產：有錢人承受風險的能力相對較高。
2. 高現金收入：理由同上。
3. 低現金需求：只需養活自己的王老五，風險承受度絕對比需要養活一家大小的中年人要高。
4. 投資目標區間較長：宗教團體以永生為投資區間，所以風險承受度最高，早年傳教士與宣揚佛法者，幾乎都是以生命為賭注。法人機構的投資期間亦長，雖然會計上以永續經營為原則，但真正最長壽的企業也不過數百年而已。以個人而言，年輕人的風險承受度又比老年人高，但年輕人通常不具有高資產與高現金收入，必須考量如何取得平衡。

黃副總沒有結婚沒有小孩，具有高資產又有高現金收入，風險承受度最高，所以一投資下去，根本不用管股價的上上下下。以槓桿倍數的原理來看，他從頭到尾都是低槓桿投資，這就是在投資領域的聖經。

涂壯竹在年輕時沒有家累，也有很高的風險承受度，但是他用了權證做為投資工具，就導致承擔過高的風險，當股價不如預期時，太高的心理壓力就造成了生活上的困擾。後來他以努力工作維持穩定生活為目標，才能兼顧家庭與事業。

魏碧如與沈沁玲做為選擇權的賣方，那是風險無上限的一方，通常是法人機構才有這樣的風險承擔能力，否則至少也需是「超級有錢人」才玩得起，結果這兩人不自量力，縱使曾有亮眼的獲利，最後只要股市稍一不如預期，馬上就遭滅頂之災。

小趙雖然自以為操作策略萬無一失，但是全押之下的結果就是：華亞科股價稍稍停頓一下，他就血本無歸了。幸好後來經H教授點醒，在操作權證套利時控制住了風險，否則最後也會死在基亞權證之下。

至於經營邦泰證券失利的吳董事長則是悲劇人物。

在投資環境裡，有時以為是低槓桿低風險的做法，可能在突如其來的衝擊之下瞬間變成高風險。也有一種情形是環境悄悄的改變，投資人卻不覺風險已慢慢提高，最後不得不逼上絕路。

前統一證券總裁杜總輝就遇上了這樣的困境：他做為高資產族群，操作選擇權賣方，連續七年都擁有絕佳獲利，結果不覺選擇權市場的隱含波動率一路下降到歷史低點約 11%，這時的風險報酬比例其實已經對買方較為有利。

2012 年 8 月 5 日大盤狂瀉 464 點，杜先生不僅賠光了 3 億本金，還要倒貼數千萬元。此時他面臨了殘酷的考驗，居然選擇賭輸搏大，還加碼新部位，結果下一個交易日 8 月 8 日又是一根三百點的黑棒，他終於被狠狠地請出了市場，並創下台灣期貨交易史上最嚴重的違約交割案。

金融投資史上血跡斑斑。多數人僅見成功者的輝煌，卻不知這些叱吒風雲的人物鮮有善終。高槓桿操作的傳奇人物非傑西・李佛摩莫屬，他四度破產，又四度東山再起，最後以自殺了結生命。

但他並不是因為虧損而自殺，而是因為經歷多次巨變，對精神與家庭都帶來了莫大的傷害，終於覺得人生失去了意義，因此舉槍自盡。

與魔鬼共舞者，最後只有被魔鬼牽著走的份。